Tristán de Jesús Medina

Mozart ensayando su Réquiem

Barcelona 2024
Linkgua-ediciones.com

Créditos

Título original: Mozart ensayando su Réquiem.

© 2024, Red ediciones S.L.

e-mail: info@linkgua.com

Diseño de la colección: Michel Mallard.

ISBN rústica ilustrada: 978-84-9816-129-8.
ISBN tapa dura: 978-84-1126-048-0.
ISBN ebook: 978-84-9953-352-0.

Sumario

Brevísima presentación

La vida

Tristán de Jesús Medina (1831-1886). Cuba.
Tristán, hizo sus primeros estudios en La Habana y en Filadelfia. Estudió latín y griego. En *El Redactor* dio a conocer su novela *Una lágrima y una gota de rocío*. En 1852 comenzó a publicar en *El Orden* su novela *Un joven alemán*. Y en 1854 editó los cuadernos *No me olvides*, redactados casi enteramente por él, donde publicó los primeros capítulos de su novela *El Doctor In-Fausto* y algunas poesías. Colaboró en *Diario de La Habana*, la *Revista de La Habana* y *La verdad Católica*. La Real Academia Española le encomendó la Oración fúnebre de Cervantes, en 1861.

Mozart

Considerada la obra más relevante de Tristán de Jesús, *Mozart ensayando...* ha sido percibida por otros como una obra peculiar y difícil de encajar en el canon literario de la Cuba del siglo XIX.

No obstante, es un texto de referencia de la literatura latinoamericana.

I. Eutanasia

Las realidades de esta vida me afectan hoy como si no fueran más que visiones lejanas, vaguedades, penumbras. En cambio la región de los sueños, de las apariciones increíbles y de los pensamientos que engendra el caos luminoso del ideal, han venido a ser, no solo mi centro, no digo ya mi pan de cada día, sino mi amor también, mi último amor y mi existencia única.

Allan Poe, Berenice

El día comenzaba su vida vespertina desde que los relojes y los cuadrantes, esta vez acordes y al mismo compás, marcaron con sombra más oscura y apagados sonidos la hora de las doce.

El grandioso luminar se preparaba a morir al unísono con un alma hermana y a la manera del cenobita, columbrando los horizontes que están detrás de los nuestros, resucitando antiguas promesas infalibles, consolando a los que velan, estudian, admiran, interrogan y lloran durante la dilatada agonía.

La luz dejó de vivir en rayos, ofreciendo más bien en uno y otro punto de la antiquísima y fastuosa ciudad germánica, flores de luz dentro del ramaje de los árboles, lágrimas de luz en los surtidores de las fuentes, abrazos y besos de luz en las vidrieras de los balcones.

Un silencio profundo, solemne, reinaba en todos los ámbitos de la población, hasta en los barrios del trabajo más ruidoso. La luz, únicamente la luz, siempre silenciosa hasta en sus triunfos más soberbios y en sus misericordias más celestes, era la que parecía vivir como soberana absoluta con la soberanía de la muerte, en aquella atmósfera de paz estática.

Una noticia dolorosa quebrantaba todos los corazones. Apenas comenzó a circular, el martillo del obrero cayó del brazo que le daba vida, al pie del yunque que había atormentado toda la mañana.

Trescientos hombres, ocupados en la construcción de un templo de vastísimas dimensiones, que ofrecieron por muchos meses, un golpe de vista admirable a los que contemplaban desde los balcones circunvecinos el vaivén de unos y otros, el ascenso y descenso de moles de piedra por entre los complicados andamios, el entusiasta rumor del trabajo, el consorcio del querer del hombre con las leyes severas de la naturaleza, para construir algo más grande y digno de la perpetuidad que la montaña, quedaron instantáneamente suspensos y tristes al enterarse de la nueva inesperada. Parecían entonces marineros sobre las vergas en silenciosa actitud, como cuando la nave rinde sus homenajes a la majestad de un príncipe, o solemniza momentos memorables de la historia. La gigantesca fábrica pareció herida de muerte, como si el genio que la dirigía, Amphyon u Orfeo, hubiera suspendido las armonías contagiosas de su lira.

Ningún Sol de la mañana envió a la corona de hielo de la Jungfrau, resplandores más risueños que los que encendía aquella tarde en el interior de un aposento en donde el terror y el frío de la muerte principiaban a dominar. Nunca tuvo el astro de vida coqueterías de luz como las que jugueteaban con los encajes de las almohadas, y los trasparentes pabellones del lecho; ni caricias tan angélicas como las que hacía brillar, ya en los ojos, ya en los labios ardientes todavía, ya en el marfil de las manos del joven moribundo.

El moribundo, ¿quién era? El que creó la música de las grandes emociones en el quinteto incomparable de *La flauta mágica*; el que hace llegar a nuestros oídos, con su divino *Réquiem*, algunos lamentos penetrantes del reino impenetrable de la muerte; el que llamó resurrección estética el *Don Juan* de Tirso de Molina. El moribundo era el inmortal Juan Wolfgang Mozart, cuyo solo nombre evoca un Aranjuez del alma, un mundo nuevo americano de impresiones sumergidas en el océano del olvido, un santuario de recuerdos deleitosos, de sueños e ilusiones inefables.

Wolfgang, cuya belleza distinta se componía siempre de la mirada a la vez intensa y vagarosa de los niños curiosos, y de la palidez diáfana de la joven en la primera hora de la pasión, y de las líneas ideales de un mármol griego, parecía en sus últimas horas más infante, más gracioso que nunca, y más apasionado, así en sus palabras como en el interés con que se ocupaba de mil cosas diferentes; y también más lleno de aquella vida escultural perfecta.

Jamás llegó a creer que se estaba muriendo.

El sacerdote, íntimo amigo que le visitaba con frecuencia, salió el día anterior de aquel cuarto, diciendo:

—Ni creyó jamás, ni creerá nunca en la muerte. *Sicut vita, finis ita.*

Constanza Weber, la esposa idolatrada, era la que parecía destinada a la muerte en aquella hora y en aquel aposento. Bella y resignada como siempre en medio de su dolor, el dolor por premio realzaba en toda su persona aquellos atractivos que la habían hecho desde la adolescencia recuerdo vivo de Leonor de Este, el ídolo del Tasso. Entonces era con toda verdad la misma alma elevada y soñadora, la misma dulzura seria y venerable, la misma penetrante melancolía, el mismo fuego ardiente disimulado con el más angélico pudor. Pero sus esfuerzos para alentar aquella vida, debían matarla de un momento a otro, como temieron los que mejor la conocían. Hubo un instante en que alguno entró a llamarla, creyéndola muerta ya en el ancho sillón a la cabecera del enfermo.

No había muerto, pero sin morir era el mármol esculpido del amor paciente, o de la efigie en que el alma devota clava su fe para fijarla más, crucifica su esperanza para creer en su resurrección.

Otro personaje había en la estancia, otra alma que interesaba al enfermo, a la enfermera y a los amigos que se asomaban de tiempo en tiempo a la puerta para interrogar con una mirada.

No era un Cristo en el huerto, efigie de las más expresivas, obra maestra de Montañés; ni una Dolorosa de Alberto Durero colocada convenientemente para que el enfermo pudiese contemplarla sin incorporarse. No era tampoco la gran ventana en ojiva superada por dos pequeños rosetones, belleza arcaica, primor histórico, regalo de Clemente XIV, la cual transparentaba todo el lado de la habitación dando al jardín. Sus vidrieras de colores, de extraordinario mérito, golpeadas tenuemente por algunas ramas con golpes de llamadas dadas por manos amigas, ofrecían encanto a los ojos y motivos para largas meditaciones sobre los secretos del pasado. Pero el alma amiga que decimos era un gran ramillete de flores escogidas en el mismo jardín de la casa, y colocada sobre un velador, en un vaso de porcelana, rodeado de copas y redomitas de caprichosas formas, que perdían, en contacto con las flores, su aspecto de frascos de medicina, y aparentaban adornos de perfumería. Abundaban en el vistoso ramo las rosas de Castilla, las margaritas, los lirios-flambas, las campánulas y los nomeolvides que coronaban las orillas de los ríos alemanes.

El velador estaba delante de la otra puerta, fronteriza a la del salón principal que daba paso a las habitaciones interiores. De momento en momento, por espacio de media hora, estuvo abriéndose sin el menor ruido, una hoja de aquella puerta, por donde se introducía cautelosamente una mano trémula para desprender dos o tres flores del ramillete y desaparecer, dejando libre el paso a otra y otras manos que se sucedían sin interrupción. Así fue como infinidad de amigos y admiradores del maestro, que no podían penetrar en la cámara, dieron el estrechón de manos del adiós, al que iba a abandonarlos, quedándose con algo que se moría como él, exhalando aromas de regalada vida.

Mozart duerme ahora. Constanza se ha quedado también un poco embelesada en el sillón. Respetemos este minuto de reposo que el dolor les concede. Pasemos al salón del piano.

Allí conversan, en voz baja, varios amigos procurándose esperanzas, disimulando mal sus temores, discutiendo el parecer de los médicos y confiando hasta en un cambio de dirección del aire.

Entre otros amigos algunos había de los que no saben serlo sino el primer día y el último de la amistad. Excelentes para solicitar la primera presentación y hacer casi un juramento, cumplido este deseo; fieles luego en acudir para el adiós inesperado, se muestran inútiles y olvidadizos todo el tiempo que media entre estas dos novedades. Estas almas volcánicas viven de explosiones.

Su amor se asemeja al arco iris, cuyos colores se avivan en sus dos extremos: en el fondo del horizonte en que nace y en el otro en que muere, y todo lo demás de la comba, atraviesa el espacio azul con tintes desvanecidos.

No pertenecía de ningún modo a este número el español Crisolara, primer socio de una casa de banca en Praga, que llevaba diez o doce años de creciente fortuna. La familia del banquero vivía en la casa inmediata a la de Mozart, y ambos hogares se comunicaban por el jardín. Las dos familias se habían hermanado perfectamente.

Emma, la hija menor de Crisolara, fue la última discípula del autor de *Don Juan*. Hallábase también allí, en un rincón oscuro del salón, cerca del piano, procurando esquivarse a todas las miradas y cubriéndose de continuo el rostro con un papel de música que se le caía de la mano cuando la aflicción la distraía de su reserva pudorosa. Tendría unos doce años, y era de una belleza de aparición tan singular, que ni su esquivez, ni la preocupación que dominaba a las más, eran parte a que dejaran de buscarla con la vista cuando con más interés se hablaba del estado del enfermo. Su traje, además, era suficiente a llamar la atención de todos, era el mismo que había llevado por la mañana a la iglesia para celebrar su primera comunión, después de cuya solemnidad corrió ella a casa de su maestro de canto y de piano, sin detenerse antes en la suya ni para quitarse la guirnalda simbólica de rocas blancas.

Ni aquel traje, ni la solemnidad para la cual lo había vestido, la obligaron a despojarse de un adorno de oro que brillaba siempre en su brazo izquierdo, regalo de Mozart. Esto da una idea del carácter de la españolita, su discípula. El brazalete tenía el retrato del querido maestro con estos sencillos versos, de antiguo poeta español, cincelados en el ancho cintillo de oro.

Sobre tu tierno corazón grabado
Lleva siempre mi rostro como un sello,
Sobre tu brazo bello.
Ténlo en el brazalete retratado:
¡Y nunca olvides que el amor es fuerte

Como la misma muerte!

Dos amigos de los comparados con el iris, dialogaban delante de un balcón de la manera siguiente:

—¡La pérdida es incalculable! —decía un hombre de vistosa corpulencia, aunque no tan extraordinaria que no le hiciera parecer más bien como una reducción harto mezquina del elefante.

—¡Ah! —exclamó un pigmeo que le oía como un oráculo, acercándose a él en cuanto le vio abrir la boca, que no parecía sino una mosca en acecho para colarse por allí.

—Si supierais lo que hizo enseguida que supo el caso aquel barítono admirable que debutó en no sé qué teatro y entró luego en no sé qué presidio...

—¿Qué hizo? —preguntó la mosca asombrada.

El elefante se lo comunicó al oído, toda vez que los demás no parecieron interesarse por sus noticias.

—¡Poder del genio! —zumbó la mosca.

—Pues eso es nada para lo que le ha pasado al admirable tenor que fue por un mes el Tenorio platónico de muchas damas..., aquel, ya sabréis, pinche en las cocinas del príncipe Ingherami.

—Sí, ya, ya.

—Pues ese...

—¡Ah!..., ¡dejar al príncipe por un convento!

—¿Y la mezzo-soprano Verena, hija de mi zapatero?

Todo lo más que se podía sacar de estos elogios, que dejaban secreto la mejor, era que los artistas citados, no eran sino flores que habían crecido en fétidos pantanos. Y que el arte para aquel hombre de bulto, solo era una emanación de lo más material y prosaico que la vida tiene.

El señor Crisolara se acercó al casi elefante, y le dijo en voz baja.

—Señor barón, en la puerta de la calle preguntan por vos.

—Voy, voy. Ya sé quién podrá ser, o la tiple del teatro de San Esteban, que fue costurera de mi madre, o el violinista Wolmar, antiguo sepulturero que ha abierto una carnicería en...

—No —dijo secamente Crisolara—. Es vuestro perro.

—¿Bemol? ¡Ah!, pues ya sé quién lo ha despachado en mi busca.

—Hablad más bajo. Y aún mejor será que no os despidáis de nadie. Porque el amigo que aún vive allí, tiene el oído muy fino. Despachad, despachad; vuestro perro empieza a ladrar.

El barón corrió en puntillas a la escalera. Pero como Crisolara hubiera señalado con el dedo la puerta del aposento cuando imponía silencio al charlatán, Emma corrió a su padre diciéndole candorosamente.

—Padre, no debemos apuntar con el dedo hacia las puertas de un sagrario —el padre la besó conmovido y ella volvió a su escondite sollozando.

Dos de los médicos dijeron luego a Crisolara.

—Vos que sois el que lleváis tan noblemente la dirección de la casa en este instante..., haced que den a nuestro amigo todo lo que pida... Complacedle en todo de ahora en adelante... La vida que le queda escapa a nuestro análisis y a nuestro auxilio... Con vuestro permiso nos retiramos.

II. El amor, no la vida, en lucha con la muerte

Los médicos dispusieron desde por la mañana las compresas frías en la frente ardorosa. Las últimas vendas acaban de parecerle a Constanza que afean un tanto aquella cabeza querida, y por eso ha rasgado varias camisitas de niño, de riquísima batista de Holanda, lujo del bautismo de sus hijos, para hacer diademas y a la vez remedios de alivio de los retales más primorosos.

Mozart ha manifestado hace poco deseos de permanecer incorporado en su lecho. La posición horizontal siempre le fue enojosa.

Ahora tenía que escribir además, hacer algunas correcciones y añadir compases en algunos fragmentos del *Réquiem*.

Había necesidad para esto de dos o tres almohadas bien mullidas, cuanto más nuevas, mejor. ¿Dónde hallarlas? Apenas se supo lo que pedía el amigo, de la vecina casa de Crisolara vinieron dos blanquísimos cabezales adornados con cintas, flores y viciosa flequería de encajes de Flandes. Se habían quitado de un lecho nupcial preparado para las próximas bodas de Úrsula, hija mayor de Crisolara.

Mozart escribía apresuradamente, con mano firme, bajo el exclusivo dominio de su inspiración. Deteníase a intervalos embelesado como quien oye música lejana, muy de arriba, y acaso estaba oyendo realmente el *Réquiem* que le cantaban los ángeles.

Cuando recogía completa una de las conmovedoras frases de aquel excelsior, sonreía orgulloso de que su potencia auditiva alcanzase tanto, y enseguida trasladaba al papel lo que acababa de dictarle el cielo.

El genio sombrío de Yuste presenció sus anticipados funerales temblando. Acaso la novedad que en aquello buscó fue la impresión de terror. El genio riente de Mozart, por el contrario, parecía oír los suyos con más alegría que cuando niño el Miserere de Allegri en la Sixtina, música que copió al día siguiente con toda exactitud, sin más auxilio que su oído fiel y su instinto musical.

Constanza le presentaba tan pronto el tintero como la copa que contenía algún calmante. Wolfgang tuvo todavía vida suficiente para hacerla sonreír con travesuras de infante: una vez mojó la pluma en la copa, y ella se apresuró a reír para no llorar.

Así corrió una larga media hora.

—*Finis coronat...* —dijo, al fin, Mozart con voz trémula de emoción entregando la pluma a Constanza, y procurando secar con su aliento lo que acababa de escribir.

En aquella actitud parecía que el genio empezaba a esconder su alma para siempre en el misterio de su obra inmortal.

Entonces se atrevió la piadosa Constanza a interrogarle de nuevo sobre la proximidad de la muerte.

—Dulce Amadeo, amor mío —le dijo entre beso y beso sobre la encendida mejilla, dándole el nombre que prefería Mozart, desde que su gran amigo Clemente XIV le había dicho que este equivalente italiano de Wolfgang era más eufónico y poético que dicho nombre alemán.

—Amadeo del alma, ¿de veras no sientes abandonar esta vida?

—Constanza, ¿yo? —respondió el enfermo estrechándole una mano—. ¿No te ha dicho ya tu amigo y confesor que estoy perfectamente preparado? ¿Pero será verdad que esto sea morir?... En este caso, pregunta al pedazo de incienso que trituran, si siente que, además de aquello, le pongan sobre las brasas de la sagrada copa para elevarlo al cielo en columnillas de fragante humo. Pregunta más bien a la lámpara piadosa que ha ardido toda la noche en la alcoba de un enfermo, si siente que la apaguen porque comienza a sonreír la aurora. Pregunta luego a tu corazón si en ese mundo de amor intenso puede morir jamás el nombre, la imagen, el recuerdo, la música, el cariño de Amadeo, tu trovador. Ser llorado por ti, amado por ti a través del sepulcro; oír, desde aquellas regiones inconmensurables adonde parece que voy, que te designan y saludan reverentes con mi nombre, con el nombre de Mozart que la consagración de la muerte ha de hacer más alto, más puro e incomunicable; todo esto, vida mía, será vivir una vida nueva. Te prohíbo que saludes con lágrimas mi nueva aurora. Enjuga esas... No, mira, viértelas aquí, fíjalas sobre estos acordes que estoy secando con mi aliento, siemprevivas de cien y cien coronas fúnebres. Pero que sean las últimas que yo vea en tus mejillas. ¿Me lo prometes?

—Como tú quieras —respondió Constanza, tardando en responder.

—Hace años que escribí versos, inspirado por una de las noches más reveladoras que he contemplado en mi vida. No, que fue obligado, obligado además por el festivo Lorenzo Daponte que apostaba con Gentile...; siempre estaba haciendo apuestas de esa clase por hacerme rabiar y reír a la vez; apostaba entonces a que yo no sería capaz de hacer dos endecasílabos bien medidos. Luego aposté contigo a que Lorenzo había de ser por fuerza mucho más torpe y profano en mi arte, que yo en el suyo. Pues no fue así... Una hora después mi pobre amigo acomodó a mis versos una melodía deleitosa que me dejó deliciosamente asombrado. Yo, en verdad, sentía mis versos como él sintió su canto. ¿Te acuerdas?

> Juzgué de niño lo más claro el día:
> Un Sol naciente mis encantos era,

Pues antes que el crepúsculo viniera
Rápido siempre el sueño me vencía.
¡Qué asombro luego cuando el alma mía
La noche contempló por vez primera,
Y más profunda la celeste esfera
Centuplicando soles a porfía!...
Desde entonces no es lo que me exalta
En todo amor la claridad que vierte,
Y sí la presentida que le falta.
Y solo a medias puedo ya quererte,
Vida incompleta sin tu luz más alta,
La fulgurante noche de la muerte.

—¿Cómo no sientes dejarme? —preguntó ella asombrada.

—Porque sé que vas a amarme más que ayer, que hoy y que nunca. Nada retenemos tanto como lo que hemos perdido. ¿Esto será siempre verdad, Constanza?

—Sí, sí —repitió ella solemnemente, como si le hubieran preguntado: «¿Lo juras?».

El enfermo, con golpe de vista de águila reina, que intenta traspasar el océano de las tinieblas para buscar en todo el astro con que intenta coronarse, buscó el corazón de la mujer amada.

—¿Lo juras? —preguntó fijando los ojos por más de un momento en los ojos de Constanza.

—Sí —respondió ella con rubor, como cuando le dijo por primera vez que le amaría eternamente.

—¿No me obligarás a tener celos, cuando te ame allá, más allá de la sepultura? Esos celos serían mi único tormento en otra vida. Solo tú, mi eterna prometida, puedes condenarme a un infierno.

—¡Confianza! ¡Ten confianza! —murmuró la esposa con angustia, apretándose las manos sobre el pecho, como ya estaba acostumbrada a hacer al ponerse en oración.

—¿No te casarás nunca? ¿No volverás a casarte?

—Nunca.

—¿Con nadie?

—Con nadie. Contigo otra vez.

—Ni eso es necesario.

—Yo no esperé ser tu viuda...

Ella quería significar que esperaba morir antes que su esposo.

Una sonrisa de triunfo iluminó más vivamente los labios de Mozart, que había comprendido otra cosa más alta en aquellas palabras.

—Dices bien; la que ha sido esposa de un genio no puede ser jamás la viuda de aquel genio, porque el genio nunca muere, ni como creador de obras inmortales, ni como esposo de aquella que le inspiró las más hermosas. ¿Verdad?

Iba a responder Constanza, cuando la puerta que daba al salón se entreabrió ligeramente. El perfil de un hombre alto, vestido con marcado esmero, y cuya mirada inquisitiva registró en menos de un segundo todos los ángulos de la habitación, dejóse ver entre las dos hojas, comunicando algo de las prisiones muy ahogadas a aquella atmósfera que embellecía la muerte.

—¿Ha pedido algo nuestro amigo? —preguntó con voz melosa el caballero.

—Nada, nada —se apresuró a decir Constanza ahogando en su grito la última parte de la pregunta.

Su mirada de odio hizo cerrar la puerta instantáneamente.

—¿Ni con ese, ni con el conde? —preguntó entonces Mozart con voz sumisa y haciendo un esfuerzo como para arrodillarse en la cama.

—¡Con nadie! ¿No has oído que le he llamado dos veces la nada? Tranquilízate. Desde que estás enfermo no le doy otro nombre, ni otros buenos días.

—¡Pero él es tan tenaz..., tan constante!

—Pero ya soy tu Constanza.

—¡Qué privilegio, pues, morir ahora! —exclamó el enfermo respirando libremente.

Había más ritmo y más convicción adivinatoria en el tono con que Mozart exhaló aquella exclamación, que en el pensamiento griego y en la eufonía de este verso italiano.

Muor giovani collui ch' al cielo e caro!

—Si yo muriera de más edad, la muerte y sus anuncios tendrían para mí más de un aguijón doloroso. Saldría entonces de este mundo vacilante y con miradas oblicuas a la tierra. Vacilar, cuando la llamada de la Providencia nos dice: «a tiempo», hubiera sido romper la armonía que es su obra, perdiendo el compás más expresivo. La juventud, Constanza, es pródiga de la vida. La mía, tú lo sabes, fue demasiado pródiga de su vida en beneficio del divino arte. Deja que lo sea también y más aún con la majestad de la muerte, de esta muerte. Para algunos de mi edad, y acaso más jóvenes que yo, cuyas imágenes veo pasar por esa vidriera, fue siempre una bienaventuranza perder de vista la tierra natal, y luego toda tierra conocida, cuanto antes, cuanto antes. Sí, aún con la idea de que se alejaban para siempre de su cuna. Para los viejos, en cambio, cualquier viaje arranca pedazos del corazón. ¿Te acuerdas de Lot abandonando a Sodoma? Los más jóvenes de aquella familia pudieron salir regocijadamente de la patria maldita, pero el de más edad, ¡cuántas veces se volvió a dirigir una mirada de ternura a la tierra de sus recuerdos!

—¿Y no quieres tú volverte para convertir tus ojos a la única mujer que has amado?

—No, pues para verte a ti siempre he empezada por mirar al cielo.

—¿Y tus hijos?

—¡Son tus hijos! ¿Quieres que te injurie recomendándolos a tu maternidad?

—Amadeo, no te vayas.

—Oye, tú no eres de este mundo, Constanza. Mucho menos lo serás cuando todos tus amores estén con Juan Amadeo, allí en donde todos los que cantan son arcángeles y querubines. Si yo ahora padeciera algún dolor de los que dicen que preceden a la muerte, ¡qué pronto me aliviaría de ellos!, el consuelo de verte heroica en este instante, sin dejarte vencer por el abatimiento. ¡Cuánto más me alivia, cuanta vida me da la consideración de que te dejo en este punto de espera, hermosa, joven, rozagante, virginal, intrépida, enamorada, amiga de oír para oírme u oír lo que de mí se dice; tal en todo como te vi en la mañana inolvidable de nuestro amor! ¡Ah!... Si yo te dejara marchita, doblegada por los años, con menos inquietud en tu espíritu, menos señales de impaciencia en tus movimientos, menos alada en la sinfonía de tus gracias, sin esos ojos que miran tanto, sin esos labios que hablan con solo temblar..., entonces, entonces, moriría tal vez con terrores, dudando de la vida, mal dispuesto a creer en otra mejor, después de haber sido tan engañado por la presente. Pero pensar que mi vida aumentó la tuya, que mi amor angelizó tu corazón, que mi idolatría endiosó tu belleza, que Mozart supo mantenerte rosa en su primera mañana, que mi fuego nunca fue para ti más que luz y calor vital, llama toda celeste que jamás hizo cenizas, ¡oh, Constanza, Constanza!, esto aviva mi fe profunda en la vida incorruptible, en los cielos abiertos que vislumbraron los mártires y los niños. Aquel amor eterno del cual emana el que me inflamó adolescente por sus gracias atractivas, siento que empieza a revestir ahora mi espíritu y lo más alto de mi ser con la túnica incorruptible. Él cumple así lo que tantas veces me había prometido.

—¿Cuándo? —preguntó Constanza con la emoción del que consulta a un oráculo.

—Cuando me inspiraba los cantos apasionados que yo escribía con la segura convicción de que serían imperecederos en la gloria del mundo.

—¿Y no sientes dejar tu lira, Orfeo del alma y de cien almas? ¿Y tu arte?

—¿Qué he de sentir dejándole como te dejo a ti, Constanza mía, joven también, con aquella juventud eterna que mis hermanos de Grecia infundieron en los mármoles del Pentélico, y, además, con un fuego y una luz que viene a cada obra mía de sus propias entrañas, que no de la que alumbra el espacio? ¿Qué valía mi arte, ni qué decía cuando salí de mi cuna para oírle? Hablaba menos a mi corazón que los incansables estribillos de mi nodriza, que su respiración a compás, cuando era ella quien dormía y yo velaba... Y yo le infundí el ritmo, el secreto, el poder de evocación de todos los sueños y el *quid divinum* de todas las fecundidades: el de la virginidad, que engendra los heroísmos y el culto de lo bello y los presentimientos celestiales, el *quid* de la maternidad que engendra las virginidades santas, y el *quid* del dolor que convierte en maternidad divina la esterilidad de las cosas más insensibles y nulas. La música rayaba en decrepitud. Ponía en movimiento estatuas, efigies y retablos; mas para comprenderla el hombre había de volverse estatua también o tosca efigie. La música oraba, sí, y orando adormecía las serpientes que rodean el corazón amenazando ahogarle. Pero yo he convertido en joven a la anciana, yo la hice nacer de nuevo. El templo traspira por mí sus sonoridades polifónicas. Puse doble sístole y diástole en las aurículas del santuario, y sus palpitaciones ahora van a golpear y conmover los muros del circo, y el prestigioso mundo del teatro, y las tinieblas de las mazmorras, y todos los horizontes y todas las esquividades, en fin, de nuestra vida. En dondequiera que penetre la luz de nuestro Sol, mi arte compenetra. Donde Palestrina prepara un sollozo, yo hago correr la lágrima. Donde Bach esconde una chispa del sagrado fuego, yo columpio las siete lámparas de las divinas visitaciones. ¿Y después?... ¡Ah!, yo me propuse decir que el arte no había exhalado su último suspiro con Händel, ni con Haydn, para que otro muy pronto, Beethoven, el mesiánico Beethoven, repita embelesado como un eco mío: «¡Tampoco murió con Mozart el arte profético de las celestiales bienaventuranzas! ¡Y quieres Constanza, que yo me duela y sienta dejarle así, como a ti, a mi hija del corazón como a la esposa de mi alma, siempre joven, siempre virgen, siempre viva! ¡Cuántas de mis obras llevan por sello la magia de la primera palabra balbuceada por el infante, que pronunciada mil veces nunca parece repetición! ¡Cuántas esconden el otro encanto de novedad que encierra, el sí del primer amor, que repetido mil veces, que oído en sueños o al borde del sepulcro, suena como la primera vez y resucita la hora más augusta del pasado! ¡Ya verás, ya verás!». Los que me oigan, cuando yo no pueda bendecirlos visiblemente, bendecirán su oído, como bendecía la dicha de sus ojos Dante Alighieri contemplando a Beatriz transfigurada en su recuerdo:

Lo non la vidi tante volte ancora,
Ch'io non trovase in lei nuova belleza.

Aquí se detuvo unos instantes el enfermo, aunque sin dar muestras de sentirse cansado. Tomó la actitud de antes cuando escribía, como si lo que estaba diciendo le viniera de las mismas regiones de donde le habían dictado sus últimos fragmentos de música.

—Yo he educado el oído del hombre —siguió diciendo—. Yo he pronunciado como nadie un épheta sacramental sobre el corazón sordo a medias todavía, sordo y duro de la humanidad. Yo he conseguido que mi arte triunfe de los otros. Ya no es el dominante la estatuaria de Fidias y Cleómenes, porque era harto exclusivo, difícil y material. Ya no lo es tampoco la pintura exigiendo ingenio educado en su espectador, virtudes especiales, determinadas aptitudes en las almas llamadas a apreciar las promesas de sus auroras y de sus ponientes. Ahora mi arte será el universal; la música, la generosa música, tan bien comprendida por el criminal como por el alma más inocente y pura, que dará inocencias a los que no la tienen, que adormecerá odios, sin eso inextinguibles, que resucitará dulces horas muertas para las almas náufragas y que abrirá con divinos soplos misericordiosos limbos para estrechar en una atmósfera de suspiros que cantan, de notas o besos que bendicen cual moribundos, millares de millares de corazones trabajados y sin aliento vital, que fuera de nuestro círculo mágico se aborrecerían de muerte y solo vivirían de odio. ¡Ah! Rafael dio un alma divina a la pintura, y desde entonces nos es más fácil hablar con Dios y la eterna maternidad delante de un lienzo como ese, vitalizado por el pincel de Alberto Durero. Pero yo he dado forma a lo intangible, yo he marcado una cadencia menos cansada que la de las horas a la insobornable velocidad del tiempo. Yo he dado cuerpo al verbo musical. Por mí la armonía que volaba por las esferas, baja y extiende manos o alas que posa sobre los corazones agitados para mesurar sus latidos. La música no enseñará, pero presentirá enseñanzas nuevas. Tampoco ha de correr el peligro de herir virtudes y escandalizar a los ángeles, como la pintura que profana sus pinceles. Y si esta se encariña al fin con un arte especial, superfetación profana, para perpetuar sus caricaturas, o innobles realismos; el artista de nuestra escuela que intente con la música dar más valor y atractivo a las seducciones de la poesía o de la palabra impuras, este artista verá siempre en disonancia la delicadeza infantil de su melodía con la malicia del verso intruso. Sucederále como a los muy caídos, que se gozan oyendo grosera interjección repetida por labios infantiles, sin lograr jamás que su enseñanza penetre hasta el fondo de aquella inocencia. La música será en adelante, no solamente pura para los puros, sino revelación celeste y reacción saludable para los impuros. Yo abriré por horas hacia el mundo libre de las esperanzas y el santuario de los recuerdos eficaces que hacen llorar, el calabozo de los criminales, los corazones empedernidos por falta de redención.

Apoyando la mano suavemente en el hombro de Constanza, mirándola de hito en hito, con las miradas del adiós, añadió en tono más solemne, espaciando las palabras:

—Yo he purificado el arte divino amándote a ti, procurando celoso que fueran sordos a otros halagos, oídos que habían sentido y solo debían sentir las ritmos y los acordes del corazón de Mozart. Quédate, pues, gustosa a velar por algún tiempo la propagación de mis abras, a evitar escrupulosa que sean lanzadas a la publicidad incorrectas o modificadas por manos intrusas. Sí, ¿cómo rogártelo? Esposa, esa es la hija que encomiendo a tu piedad.

—Sí, Amadeo —afirmó Constanza con una inclinación de cabeza que la asemejó a la Dolorosa de Durero, y derramando una lágrima que Mozart se apresuró a recoger en el papel de su *Réquiem*.

III. Suspiria de profundis

—Veo llorar, y oigo llorar —dijo después de algunos minutos de silencio.

—Ya no lloro más.

—Pero en el salón del piano..., ¿quién llora tan acongojadamente?

—La hermanita de Úrsula.

—¿Emma?, ¿mi pobre ángel?, ¿mi última discípula que tanto me ha enseñado a mí más bien que yo a ella?, ¿cree que voy a morir?

—No, sino que está impaciente por entrar a verte.

—Pronto vendrá..., con los otros..., ya sabes..., para el ensayo.

—Y no quieres ver ahora a..., di.

—¿A quién?

—¿A tu amigo..., a Emmanuele Gentile?

—¿Está aquí?

—Le hice llamar desde esta mañana.

—¡Tú!, ¡tú que nunca le has querido!

—Nunca le he aborrecido tampoco... él cantará también aquí en el ensayo.

—¡Oh, qué dulce y santa eres! ¿Volveré a oír a mis amigos en la tierra? ¿Serán los primeros en cantar mi *Réquiem*, corazones queridos que yo he templado? Aprieta esta mano, Constanza mía, y óyeme con más interés que antes.

—¿Qué vas a decirme?

—Voy a pedirte perdón. Te he amado con delirio, siempre con delirio. Adoraba también mi arte con fanatismo creciente. Tú lo recordarás. Algunas veces cuando más embebecido estaba trabajando en mi cuarto de estudio, volaba como loco al tuyo a buscar una caricia de tus labios, tu corazón en tus besos. Yo me parecía entonces al precioso surtidor que diamantea en arcos sobre la fuente de nuestro jardín; salta como si fuera a desaparecer en el aire, o a ofrecer a Dios sus diamantes más graciosos, pero a lo mejor traza su curva para volverse a la fuente en busca de más joyas y de más vida. Así era yo, así mi alma. Cuando más lejos de la tierra me arrebataba la inspiración, más vivo era el deseo con que bajaba de aquellas alturas para volar a tus pies y cantarte en mi música nueva, mis juramentos antiguos. Pero otras veces..., eras tú la que venías a mi cuarto a interrumpirme y... ya lo he dicho..., te daba a entender con lenguaje mudo que me interrumpías...

—Era la inspiración premiosa..., era...

—Era algo que tú tenías que perdonar ahora. En los dos últimos años, estos momentos han sido numerosos. Mi carácter se había descompuesto un tanto. ¿Qué cuerdas habían saltado aquí... dentro del pecho?... ¡Ay, vida mía! ¡Si tú hubieras podido penetrar a fondo en mi espíritu para comprender lo que hizo de él la enfermedad mientras me labraba en secreto! Estos dos años me hicieron mucho mal. Mis pensamientos volvían con frecuencia a caer en mi cerebro. Un trabajo de introspección incesante me daba el aspecto de un ser atormentado por crueles remordimientos. Mi sensibilidad real se convirtió en pura sensibilidad de imaginación. Desde entonces tuve necesidad de imágenes para hablarte y para pensar; de cuadros, de sueños, para sentirme conmovido. Ya no vivía de mi arte y de sus delicadezas, y dejé de estar al mismo tiempo bajo el imperio de la realidad. ¡Oh!, qué desecante desgracia la que convierte el corazón del artista en pordiosero de la cabeza. Entonces empecé a calcular sobre el porvenir..., sobre el tuyo, a tener celos... y a temer que mis obras no sirvieran para construirte el puente de oro hacia el porvenir que para ti había yo soñado. Sin los recuerdos de nuestras horas de amor, sin tu indulgencia, sin los dulces testimonios de afecto que me habéis prodigado todos, tú, nuestra familia, nuestros amigos, tú como nadie; yo me hubiera encenagado tal vez en el odioso egoísmo, pantano venenoso de los artistas, que mata las facultades más creadoras de nuestra mente. ¿Ves? Cuánta necesidad tenía yo siempre de alguno a quien decir «te amo», y a quien yo pudiera consagrar mi vida. Pero nunca sentí esta sed como en esa calentura de dos años. Por eso quise más que nunca a mi ingrato, a Gentile, ¿sabes?, por eso fue que lo quise. Nada me daba tanto miedo como la posibilidad presentida de perder la fuerza de amar y compadecer. Y cuando yo comparaba el alma mía en esta época, con mi alma cuando niño, huía de mí propio, aterrado como si espíritus malignantes hubieran hecho presa de mi corazón. Yo no soñaba a los dieciocho años, sino con rasgos de abnegación, con vida de sacrificios, con la continua inmolación de mí mismo; no deseaba sino una ocasión de lanzarme al fuego, al agua, a un infierno por salvar a cualquiera, a un enemigo tuyo, o a un ángel caído, a cualquiera, a cualquiera. Pero en estos años de triste y misteriosa dolencia, desde que empecé a aborrecer a alguno... de quien estaba celoso porque le vi recoger una flor que tú habías pisado y desaparecer con ella..., ¡desde entonces, qué diferencia!... Pues mira, aquello fue un sueño, una pesadilla de la cual me despertaba con frecuencia Emmanuele Gentile... Gentile nunca se ha atrevido como el conde..., a mirarte...

—¡Oh, él! Nunca, Amadeo, nunca.

—Y luego tú no le querías de ningún modo, ¿sabes que esto ahora no me pesa?

—Yo no le quería..., pero respetaba en él un capricho... un juguete de Wolfgang.

—Eso no. No digas eso. Yo he querido ser el amigo de Gentile y hacer de Gentile un sucesor mío en el arte... Todo te lo diré... Quise educarle para esposo de Emma. Mejor dicho, quise preparar a Emma para digna esposa de Gentile, ¡grande y célebre por mí! Temo que esto no ha de ser posible. Pero, ¡ah, si tú pudieras penetrarte bien de los móviles a que cedía yo, procurando el bien para ese hijo adoptivo, para ese desventurado cuya infancia no fue una aurora!

—No te agites. Yo quiero ya a Gentile..., con lástima. Antes no, porque él no te comprendía del todo..., porque no ha dejado de ser ingrato.

—En mi amor a él, Constanza, ponía yo un pensamiento religioso. Esta amistad era un voto a la Providencia. En ciertas ocasiones de mi vida, en los días de más aplausos a mi alrededor, asaltábame la idea de que yo no merecía mi celeste don, por lo mismo que nada hice jamás, ningún esfuerzo para merecerle. Yo me veía como usurpador, y experimentaba la necesidad de hacerme perdonar el robo de un tesoro.

—¡Amigo mío! ¿Querías haber luchado con el Águila que columpió tu cuna, con la tórtola que arrulló tus sueños, como el dios antiguo con las serpientes que le sirvieron de mantillas?

—Desde que descubrí al niño Gentile, hermoso, angélico, en la miseria que iba a degradarle, y según veía desarrollarse en él una inteligencia superior a la de muchos de mis amigos, comparé repetidamente su vida que empezó por ser negación a las facultades de su mente, a las aptitudes de su ingenio despierto y feliz, con mi vida tan llena de providencias, tan rodeada de previsiones maternales, tan sin luchas en los senderos espinosos de la gloria, ¡y me condolí de los dos! Sin mí, créelo, él no hubiera podido atender jamás con acierto a las primeras necesidades de la vida. Aún con mi auxilio, él no ha sabido nunca vivir. Y yo sin tener que aprender mucho, apenas salí de las primeras sombras de la infancia, ocupé un puesto honroso en la consideración de los hombres, llegué al mediodía de la gloria, y hallé la vida risueña siempre para mí, ¡eterna sinfonía de deleites para mi alma enamorada! ¿Por qué semejante diferencia?

—¡Cómo, querido Wolfgang!, ¿osarías tú?

—¡Qué! ¿Escudriñar irreverente los designios de la Divinidad? No lo temas. Sé que no es necesario, sé que sería un criminal, si yo pidiera ahora o hubiese pedido antes a la Providencia que velase mejor por su justicia, quitándome o menguando para comunicarlos a otros los dones y prosperidades con que se propuso distinguirme. Pero sé también, y nunca lo he ignorado, que la primera correspondencia de gratitud que los privilegiados debemos al supremo donador, es interesarnos de una manera activa por aquellos que son menos felices que nosotros. Yo he mirado siempre este deber como un medio de expiar, sí, de expiar mi propia bienaventuranza y de justificar la Providencia a los ojos de la humanidad que la desconoce.

—Yo te comprendo, Mozart —exclamó Constanza arrodillada ante la cama.

—Créelo, esposa. Yo he amado a Gentile para ser más digno de adorarte a ti, madre de mis hijos... Sí, ve a llamarle. Consuela de paso a mi querida Emma. Que aguarde un momento más. Que entre solo Gentile. Déjame solo con él ese momento. Que nadie nos interrumpa.

Constanza renovó las compresas y se dirigió a la puerta del salón. Pero no había adelantado dos pasos, cuando la puerta se entreabrió como antes, mas no para ella.

El caballero de la otra vez dejóse ver lo mismo, con su perfil severo y su mirada inquisitiva.

—¿Yo?

—No —respondió vivamente el moribundo extendiendo la mano hacia él, para detenerle además con el ademán—. Gentile solo.

La puerta se cerró con fuerza, semejante más bien a la losa que cae sobre un sepulcro. Constanza tuvo que hacer esfuerzos para desencajar una hoja de la otra y salir del aposento.

Al minuto entró Gentile. Mozart le saludó con un beso lanzado al aire, y empujándolo hacia el amigo a soplos, como el niño la pompa casi invisible de jabón.

—Ya ves que tengo mucho aliento todavía.

—¡Caro maestro mío! —exclamó Gentile acercándose al lecho con respetuosa timidez.

—Esa niña que lloraba ahora poco, ¿eras tú, Emma..., Emmanuele?

—No, maestro, puesto que todos o casi todos, empezando por vuestra fiel Constanza, aseguran que los médicos se han equivocado, y que no moriréis, que estáis resuelto a no morir.

—De ningún modo, sino a vivir a vivir doblemente.

IV. La sombra

El joven italiano tendría unos veinte o veintidós años todo lo más. Para hacer su retrato perfecto sería necesario emplear los términos que se emplean generalmente para el retrato de una dama, de una fanciulla. Él había servido de modelo más de una vez para cuadros de santas. A cierto pintor le salían muy aceptables las imágenes de Santa Catalina mártir, cuyo símbolo iconográfico es la rueda célebre que figura en toda maquinaria, empezando por la que esconden los relojes, siempre que copiaba la curva de la frente, la mirada torva, las espirales de los bucles, en fin, cualquier cosa, cualquier redondez de la belleza plástica de Emmanuele Gentile.

En cuanto a su alma, a su carácter, solo el recuerdo de la rueda catalina, pero en movimiento puede dar idea de aquella vitalidad.

En los ademanes, en el traje, en el hablar, ya enfático, ya cadencioso; en la respiración, cuando fácil y franca a *piacere*, cuando oprimida y anhelosa *ad libitum*, se descubrían excesos de pulcritud afeminada, y atildamientos empalagosos. Poseía elegancias, sobre todo, en sus gestos de dolor, y extemporáneos o incongruentes barnices de humildad en sus arranques de ira. Eterno gladiador, sabía dejarse caer.

Sabía correctamente el alemán, como que le había aprendido a tiempo en la transición de la infancia a la adolescencia, pero prefería hablarle siempre, como si solo lo supiese a medias, porque al fin el acento extranjero y las faltas en el lenguaje, los pecados de sintaxis, a él como a otros en su caso, los hacen parecer más niños, con lo que obligan hábilmente a que los demás ejerzan las fáciles y gustosas virtudes de la indulgencia, de la compasión, de la excusa y del perdón aristocrático. Ofrece tal sistema ocasiones en que el interlocutor tenga algo que corregirnos sin temor de herir nuestra susceptibilidad.

Mozart conoció a Gentile en Viena, cuando este contaba apenas doce a trece años, lo que no quiere decir que fuese más niño que su protector. La casualidad de haber asistido Mozart aficionadísimo a las cosas de Italia, en compañía de su predilecto Lorenzo Daponte, a un teatrito de segundo orden, en donde se había instalado con gran contentamiento del público vienense, una compañía de farsantes venecianos, habilidoso en las representaciones fiabescas de Carlo Gozzi, fue el origen de la fortuna de Gentile.

Este solía representar el papel de Colombina en las llamadas *commedie dell' arte*, con tanta gracia y maestría, que tanto Mozart como Daponte quedaron perfectamente en la creencia de que aquel prodigio de ingenua desenvoltura era una niña, una perla de las lagunas adriáticas.

Y como el interés los llevase a averiguar la vida y situación real de la actriz, tuvieron ocasión de saber más de lo que deseaban, y conocer de sorpresa en sorpresa que la Colombina era un huerfanito de Chioggia, y que su historia tenía más peripecias malignas que la comedia de Gozzi y de Goldoni, con algo de tragedia bárbara.

No dejó de costar algún trabajo al que por entonces empezaba a soñar con su poema de *Don Juan*, el rescatar a aquel esclavo del poder de los saltimbanquis italianos. Pero su empeño en tal empresa fue mayor, si hemos de ponderarla, que el que ponía simultáneamente en escribir su célebre ópera.

La mísera criatura que tan al vivo había aceptado su papel de actriz, agravando con la timidez impuesta del sexo débil, la debilidad ingénita de su carácter y de su constitución raquítica se vio como por milagro libre de su fatalidad inexorable.

Al año de vivir, primero en calidad de pajecillo, pero muy pronto como hermano menor y discípulo predilecto al lado de su joven bienhechor, el veneciano, o más bien, el griego de Venecia, se apoderó de los principales secretos del gran arte, luciendo facultades superiores a todo lo que había dejado sospechar en su dudosa carrera de teatro. Tardó poco en aprender el piano, la composición y otras cosas que tarde o nunca aprende el marchesino más encumbrado de su patria.

Pero en verdad, cualquiera otro, aún siendo más negado que Gentile, difícil era que viviese el mismo tiempo que él vivió y en la forma en que vivió, bajo el magisterio de Mozart, sin haber salido maestro en algo que le asegurase regular fortuna.

Gentile compuso a los dieciocho años algunas sonatas que asombraron al maestro, y puso en música con acierto algunas escenas picarescas del teatro de sus primeros triunfos, con lo que siguió pagando a sus compañeros la dicha de verse libre de su forzada compañía. No todo lo hacía por complacer ni a los unos, ni a los otros, porque Gentile era interesado sobremanera, y la que más amaba de la música era el auge que iba cobrando entre las gentes de valía. Pero ello es que el círculo selecto de Mozart aplaudía las obras del excelente ad látere, con tanto más calor y buena voluntad, cuanto que reconocían ser estas señales de aprobación más gustadas por el autor de *Don Juan*, que los homenajes espontáneos de amor y veneración que todos rendían a su genio incomparable. Y realmente el ilustre maestro gozaba con los progresos de ingenio y de fortuna que iba conquistando el italianito, como Velásquez con los de aquel, su esclavo, que se hizo pintor con solo ver pintar al autor de las Meninas.

Pero Gentile no estaba tan satisfecho de sí mismo. No fue poseedor de aquel arte de tanto porvenir, sin haber aprendido a conocer confusamente que mediaban abismos inconmensurables, entre lo que él producía y produciría con el tiempo en virtud de esfuerzos y vigilias, y lo que veía hacer al maestro, sin esfuerzo alguno y como jugando, a la manera del que hizo la juguetona luz. El italiano fue presa, no de las melancolías que inspiran, sino de las tristezas que matan toda inspiración.

Cuando se convenció de que no estaba llamado a volar él solo por las mismas alturas gloriosas, familiares al águila, al águila aquella que se había empeñado en llevarle a él a conocerlas un instante, a él, diminuto reyezuelo, melísuga, tenuirrostro, sobre las potentes alas del genio extraordinario, cayó a buscar en la embriaguez de los placeres el olvido de su desgracia. Estaba condenado por su envidia a ser ingrato. Y entonces fue, sin embargo, cuando vivió más que nunca a expensas de su no muy amado protector.

Dejó, sí, de habitar bajo el mismo techo hospitalario. Los amigos y parientes del maestro lo habían procurado en interés de su tranquilidad y de su gloria. Pero aquella separación no tuvo lugar sin que las compasiones del maestro por el discípulo mimado, se hiciesen más intensas, y la amistad más sólida e indulgente, la protección más segura, la generosidad más pródiga. Más de uno y más de dos de esos cuartetos de Wofgang que hacen llorar y pensar a un auditorio recogido, se escribieron a deshoras, a hurtadillas, con calentura que el paciente no declaraba a sus familiares, para enjugar las lágrimas del siempre amado venecianito, para hacerle salir airoso de una apuesta en una casa de juego, para aplacar la cólera de algún rival, para sofocar un escándalo.

Emmanuele fue la pesadilla de Mozart, así como el cáncer que devoraba el corazón de Beethoven fue siempre su sobrino Carlos, a quien idolatraba. No parece sino que la sombra que proyecta todo cuerpo se hace ser viviente también proyectada por el cuerpo de un personaje ilustre. Los íntimos que iban pisando diariamente los talones de los dos grandes maestros, aquellos de quienes menos pudieron prescindir Beethoven y Mozart, fueron lo más oscuro y triste que sombreó los senderos del uno y del otro.

El amor es ciego hasta en los sabios. A Mozart nunca le parecieron vicios los desórdenes y locuras de Gentile, ni su ingratitud criminal. Así son invariablemente los gigantes de corazón. Clarividentes para las cosas de lo alto, como siéndoles más cercanas; no distinguen ni aún sospechan lo feo y lo malo que rastrea a sus alrededores cuando convierten sus ojos deslumbrados a las bajezas del mundo.

Por otra parte, Gentile no sabía parecer sino angélico, corregido, transfigurado siquiera momentáneamente en la presencia de Mozart. Y aquellos cambios súbitos, no procedían de su antiguo arte del disfraz, ni de esfuerzo propio; no eran falsificaciones de la hipocresía, sino efecto natural, irresistible de la presencia del genio.

El prohombre era puro de corazón, y como tal todo lo circunvecino se hacía puro en él, o para él: *Omnia munda mundo*.

Había tanta transparencia y limpidez en los ojos del singular autor y en toda su esfera de acción, aún circunscrita al hogar y a la prosa de la vida cotidiana, tal delicadeza de sentimientos y de maneras, que delante de él aun los más protervos, aun sus envidiosos más enconados, experimentaban al punto los efectos de una ablución paciaria. El mal que en estos residía, se aplanaba mientras el resto de probidad y honor con que se queda siempre todo espíritu por caído que se halle, despuntaba risueño como una dealbación boreal.

No hay criaturas superiores de esta especie cuyo solo aspecto no sea beneficencia, cuyas irradiaciones espirituales no sean absolutorias, cuyas miradas no coarten las osadías innobles.

Estos privilegiados que siempre conservan lo más bello y característico de la infancia, y de continuo se encienden en pudores virginales, no pueden reflejarse en ningún espejo por empañado que esté, ni en el que aparentan aguas fétidas estancadas, sin teñirla de color de rosa.

V. La luz y la sombra son acordes

—¿Y cómo estáis? —preguntó el enfermo al sano.

—Mejor, mucho mejor de mis neuralgias faciales —respondió Gentile con voz de convaleciente—. La herida en el brazo derecho que saqué del lance con el capitán Franenfelder, ahora dos años, se ha cicatrizado a gusto de mi doctor. Pero la otra, la que me hizo un poco más arriba, en el mismo brazo, la bailarina aquella del teatrillo napolitano con sus tijeras malditas, no, no sigue tan a gusto mío como yo quisiera, y llevo ya seis meses de herida, de médico y de baile con él, mientras me opera. Pero, maestro del alma, ¿qué estoy diciendo?

—Mal haces en llamarme maestro inmediatamente después de esos recuerdos.

—¡Ah!, siempre el mismo buen genio.

—Y tú, presa siempre del mismo genio del mal.

—Quería deciros que he padecido una imperdonable distracción al ocuparme de mí y de mis dolores en estos momentos. Soy indigno..., debo alejarme de aquí.

—Siéntate.

Gentile no había esperado aquella afectuosa invitación para ocupar el sillón de Carlota, a la cabecera del enfermo. Este buscó, no sin algún trabajo, posición más cómoda para no perder de vista al amigo y seguir contemplándole a su sabor.

—¡Que me place verte con tu hermosa cara de siempre, brindando salud y alegría! ¿Por qué no me has dado la mano ya?

Gentile estrechó entre las suyas la diestra del maestro y la cubrió de besos.

—¿Cómo quieres que no esté mejor yo también? Las heridas que tú me haces, presto las curas tú mismo.

—Y si me hubieran dejado, ya estarían curadas por mí también, las que os hace esa incomprensible enfermedad.

—¡Chist!... ¡silencio!... ¡Vas a quejarte ahora de mi Constanza!

—Nunca lo hice...

—¿Qué miras con tanta atención? ¡Ah!, ya... ¿Este anillo? ¿No lo conoces?

—Es la primera vez que os lo veo ahí, luciendo en el meñique... Pero, no, esperad... Ahora recuerdo que lo llevabais en Viena cuando nos vimos por primera vez.

—Escribí mi *Don Juan*, sin quitármelo un momento.

—¿Talismán de la inspiración? Sí, entonces me dijisteis que os lo había regalado una princesa, hija de María Teresa de Austria.

—La hija más preciosa de la emperatriz, verdad... La archiduquesa María Antonieta, delfina y, al fin, reina de Francia. Cuando me lo regaló en presencia de su madre, se entretuvo probándomelo en uno y otro dedo. La emperatriz se reía, y yo estaba en éxtasis, pero triste de ser todavía tan niño. La princesa era entonces un ángel enamorado de los sueños, y yo un soñador también, un sueño enamorado de ella. La llegada de un célebre pintor, ocupado entonces de hacer su retrato, vino a poner término a la conversación que tuvimos, ella riñéndome y acariciándome, y yo repitiendo en melodías improvisadas cada caricia y cada regaño suyo... Emmanuele..., ¿quieres que sellemos nuestra amistad con este anillo?... Quítamelo, pues... ¡Bien!... Ahora déjame ponértelo a ti... No, en esa no, es la mano del amor..., en la otra... A ver... ¿Por qué tiemblas?

Gentile besó la sortija ya en su mano, y posó la de Mozart, sobre sus labios completando con una mirada fija, la demostración de reconocimiento.

—¡Gracias! ¡Basta! ¿No perderás nunca ese zafiro que tantas me han envidiado? No sé por qué mi Constanza se empeñó en ponérmelo desde los primeros días de mi enfermedad... ¡Ah!, sí..., lo comprendo. Mi último amor, que es ella, solicitó para mí hasta la protección de mi primer amor, sí, de mi primer amor platónico, que fue María Antonieta. Julieta evocó a Rosalinda... Hace un instante pensé que si abandonaba yo esta envoltura terrestre, con ese anillo todavía en mi mano, por uno de los efectos del mal a que sucumbo, sería difícil sacarlo después de mi dedo, y tendrían que limarlo, como he visto hacer con otros. Un sudor frío bañó todo mi cuerpo, como si viese ya el hierro cortante sobre el obsequio inocente de María Antonieta a un niño.

—Pues ahora es además el obsequio santo del divino Mozart —añadió Gentile con emoción, por entonces muy sincera.

—¿Di, crees tú querido Emmanuele, que la muerte añadirá algunos rayos de luz a mi corona de gloria?

—¿Podéis dudarlo?

—No, sino que deseo que tú me lo repitas, que me lo confirmes, para que el hecho me complazca doblemente como profecía tuya...

—De vuestro mejor amigo.

—Sí, en la vida y en la muerte.

—Más fiel en la muerte que en la vida.

—Estás adivinándome, respondiendo estás, sábelo, a preguntas inefables de mi corazón. Pon la mano en el tuyo, amigo mío.

—¿No veis donde apoyo la mano del zafiro desde antes que me lo indicarais?

—Repito que me adivinas. Y para que veas hasta qué extremo de verdad hemos conseguido al fin ser uno en dos y dos en uno, vamos a seguir hablando, sobre lo más importante que tengo que decirte, encargándome del diálogo yo solo. Verás cómo te conozco hiriendo como arpista, las fibras que tú deseas que vibren únicamente en ti esta mañana.

—Esta tarde.

—No, esta mañana. Verás cómo respondo a lo que voy a decirte de la única manera que tú responderías. Pero si en una sola de las contestaciones, el unísono se destruye, si mi amistad se equivoca, haz que tu corazón proteste; separa de ahí tu mano para sellar mis labios calumniadores.

—¿Me amas pues, pobre Gentile?

—Maestro mío, sí, tú sabes que te amo.

—¿*Da vero, povero fanciullo*?

—Maestro mío, Amadeo, *credimi e sta sicuro sul mio conto, sul mio amore, che io non t'inganno*.

—Gracias mil veces, discípulo del alma. *Ti ringrazio delle amorose parole*... Pero di, ¿necesitarás mucho dinero cuando yo me vaya? Pídeme: ¿cuánto me pides para entonces?

—Nada, maestro, nada. ¿Cuánto necesité buscaros para encontraros, ni cuándo pediros para ver vuestra próvida mano derritiéndose en la mía? Nada, porque adivino que tenéis preparada ya mi herencia. Ya sé que habéis encargado a Constanza, con repetidas recomendaciones que me entregue, allá..., la semana próxima, cierta cajita de sándalo y cedro olorosísimo con algunos fragmentos incrustados, además de aquella preciosa madera que llevaron de Ofir a Salomón; dicha cajita contiene, entre otras cosas más de valor, 7.000 florines en oro.

—¿Y nada más, Gentile?

—Y una gran colección de composiciones originalísimas que deseáis, que ordenáis que yo publique con mi nombre como mías propias.

—¿Y así lo harás?

—Y así lo haré.

—¿Y tú, Gentile, velarás en cambio por mi Constanza?

—Conseguiré al fin que vuestra esposa me crea tan bueno como voz habéis creído que lo soy.

—¿Procurarás para esto, ser a los ojos de Constanza un recuerdo más de su Amadeo, un recuerdo vivo de tu bienhechor? ¿Y le hablarás siempre de mí?

—Sí.

—¿Qué le dirás?

—Ya la oiréis.

—¿La defenderás, pues? ¿Dirás al mundo entero que ella nunca será más que la viuda de Wolfgang Mozart?

—Sí, sí, sí, maestro, yo os lo juro puesta la mano sobre mi rendido corazón...

—¿A ver, a ver? ¿La tienes ahí, Gentile?

Y esta vez fue Gentile mismo quien habló por sí para exclamar conmovido:

—Ni un momento la he apartado de aquí, maestro. Como tampoco la hubiera arrancado de una cruz si en una cruz hubierais ordenado que la clavase al haceros este juramento de fidelidad.

Dicho esto, se deshizo en copioso llanto, sin querer todavía separar la mano del corazón.

—¿Ves como estamos templados al unísono? Siempre acertaba yo con tus respuestas antes de dirigirte las preguntas. Enjuga ahora esas lágrimas, mi predilecto. No, primeramente..., deja caer algunos de esos diamantes sobre mi última composición. ¡Constanza también ha llorado aquí!

El maestro le acercó el papel del pentagrama.

—¿Y qué es esto? —preguntó Gentile serenándose.

—¿Esto?... Es la última parte de mi *Réquiem*. Este es el *Réquiem* de la Resurrección Cristiana. Mi flor de vida para eterna vida. Un rayo de Luna indeficiente en la noche cerrada del cementerio. Mi episodio de Francesca en mi poema de sombras y torbellinos musicales. Luego hemos de ensayar los primeros números.

—¿Luego?... Ya me lo han indicado. ¿Pero será verdad que podréis hacer tal cosa?

—Sí.

—¿Vuestro dolor de cabeza?...

—¿Crees que tú solo sabes perderla cuando quieres loquear? Yo la pierdo para no sentir el dolor... Y desde que te he visto... Gentile mío, *i miei mali fin qui, non sono tali che meritano l'onore di produrre alarme*. En fin, he resuelto quedarme hasta mañana. Pero aún tengo que decirte. Ha llegado el momento de pedirte perdón por dos cosas. Primero por haber creído, ¿creído solo?, más de una vez, que eras demasiado rencoroso. Y también porque a pesar de esta sospecha te he reprendido muchas veces sin poder contenerme, dos veces con excesiva acrimonia, una vez amenazándote con una ballestilla de violín. Te he reprendido más de lo que hubiera querido cuando eras mi discípulo, mi Benjamín, y te negabas a acoger mis correcciones, mis advertencias, mis pronósticos. Lo que más te dolía eran los motes, los apellidos ridículos que en horas de descuido prodigaba a la antigua Colombina de las pantomimas y las fiabescas venecianas. Mi objeto era inspirarte desprecio por aquel papel, profanación ridícula de tu infancia y de tu ingenio peregrino. ¿Me perdonas, pues?

¿Me comprendes al fin?... Espera, no lo digas tú. Yo por ti como antes.

—¿Me perdonas, Gentile?

—Te perdono, Mozart.

—Emmanuele ¿me perdonarás los motes que te ponía al reprenderte?

—Amadeo, sí.

—Amigo, ¿los olvidarás?

—Los olvidaré, amigo...

Mozart se detuvo para cobrar aliento, pero no tardó en exclamar con voz inefable.

—¿Quieres que nos demos un abrazo?

Antes de acabar la pregunta las dos almas estaban ya confundidas en un abrazo trémulo, febril, por las aceleradas palpitaciones de ambos pechos desbordándose.

Así pasaron algunos minutos.

—Oye —dijo el maestro sin desprenderse de los amados brazos—. ¿Nos habrán oído?...

—Nadie. Habéis hablado como para mí solo. Fue costumbre vuestra hablarme siempre muy bajo, especialmente cuando me acariciabais..., para no excitar celos ni envidias...

—¿No habrá oído el conde?

—Menos. Es medio sordo.

—¿Del oído?

Gentile se sonrió. Mozart le dijo lo siguiente cosiendo el labio al oído de su último amigo.

—Un encargo voy a hacerte. No me quieras demasiado después de mi muerte. No te encariñes con mis obras. No vayas a caer en la tentación de adorarme. Es peligro que suelen correr todos los discípulos fieles como tú. Miguel Ángel dijo a uno de los suyos que apenas adelantaba:

—Me adoras demasiado y eso te veda inspiraciones propias. Aborréceme, pues, en cierta medida; haz la intención de superarme; haz voto de corregirme; procura eclipsarme y tardarás poco en poseer tu originalidad incomunicable.

—Haz tú lo mismo, Gentile, y aborréceme en cierta medida, cuando te pongas a componer. Si no quieres imitarme, hastíate de lo mejor que yo he compuesto... A ver si le das chasco a Beethoven... Bien pudieras si quisieras apoderarte de su puesto envidiable en nuestro Olimpo.

Acaso el discípulo hubiera preferido en su orgullo vano, que la voz profética le dijese: «Aunque tú no quieras, el destino te ha designado para eclipsarnos a todos».

—El último encargo —añadió Mozart—. Si algún día ves al primer amigo de mi juventud, a aquel cuya conversación me era tan grata después de mis horas de trabajo, que no me parecía sino, que cambiaba yo de géneros de música, pasando de mi clavicémbalo a los numerosos resortes de aquel corazón fecundo...; si ves a tu compatriota Lorenzo Daponte, que debe andar ahora por España o América, háblale de mí, dile que yo he hablado siempre de él con amore..., hasta el último suspiro. Dile que no he olvidado su eterna muletilla. Nunca le preguntó nadie cómo estaba de salud o de dinero sin que él contestara invariablemente:

—*Sempre inquieto sulla mia sorte* —pero lo decía riendo... y, a veces, a carcajadas—. En la carpeta 203, de las que dejo a Constanza, hay una fantasía caprichosa a la cual puse este título, y va dedicada a mi Lorenzo. Y ahora..., ¿quieres avisar a Constanza que haga lo que le he recomendado?...

Un cuarto de hora después, menos acaso, penetraban en la habitación los singulares cantores encargados de ensayar, por primera voz, el maravilloso *Réquiem*.

VI. Gloriosas armonías

El Sol seguía luchando con las sombras, y aún con el rayo de luz pálida que a través de la puerta de la antecámara enviaba al aposento una lamparilla inmediata.

El rostro de Mozart estaba más encendido, pero aquel rojo era un remedio triste de los colores de la vida. Los momentos de gran exaltación habían pasado. El espíritu enérgico de aquel hombre comenzaba también a decaer, después del agotamiento de las fuerzas corporales. Aparecía dolorosamente legible en la expresión que tomaba durante los desmayos de segundos su elocuente fisonomía, en sus ojos llenos de ávidas miradas, de infinita vida a la vez que de infinito dolor resignado. Con todo, aquellas claridades moribundas, parecían dispuestas a luchar más, mucho más, antes de extinguirse para siempre. Así se ven algunas llamas lánguidas paseándose a lo largo del leño carbonizado a medias, pero que aún nos caldea en nuestro hogar, cuyo fuego no nos atrevemos a avivar por temor a ser imprudentes, y nos contenemos y esperamos..., en la duda de si aquellos resplandores son con efecto las oscilaciones últimas o, más bien, los que por sí solos bastarán a devolver, sin más auxilio que una nueva corriente de aire, al hogar o al corazón querido, la triunfante claridad primitiva.

Cada uno de los cantores traía una copia de varios fragmentos de la obra maestra, copias que se hicieron a medida que el maestro iba dando hoja tras hoja los originales.

La primera que entró fue Constanza, vestida de blanco, como él lo había exigido, luciendo en su cuello de garza una gargantilla de menudas perlas, regalo de Wolfgang cuando novio.

Algunas cintas de su vestido venían enlazadas con cintas y encajes del vestido de Emma en caprichoso enredo, tan pegada por estrecho abrazo venía la niña a su mejor amiga.

Emma traía, además del papel de música, el largo cirio minuciosamente artizado de la comunión, pero no encendido. La voz de aquella criatura mística en su belleza, que parecía salir de un lienzo de Cimabue, era superior, según su maestro, a la de los últimos prodigios de la Capilla Sixtina, el Senesino y el Pacchiarotti. Constanza poseía voz de mezzosoprano. Gentile era tenor.

El encargado del bajo era el mismo personaje misterioso que había encargado el *Réquiem* al maestro, sin declararle su nombre ni a él ni a ninguno de sus familiares, cuyas persecuciones y pesquisas burló siempre, desapareciendo a lo mejor como por ensalmo.

No hay biógrafo de Mozart, no hay apologista ni exégeta estético, no hay estudio de sus obras que no recuerde a este hombre sin que nadie acierte con su nombre, su calidad, su procedencia. Algunos han insinuado que podía ser el mismo personaje a quien retrata Byron en su extraña relación de El vampiro, tan gustada por Goethe.

Tres veces únicamente se dejó ver, pero como relámpago de sombra proyectada por un ala en la casa solitaria de Mozart, solitaria las dos primeras veces. No hizo más que dirigir un ruego, una mirada y una lágrima al compositor impresionado que le recibió como si le esperara. Solo pudieron descubrir algunos que era de estatura elevada, ancha frente atravesada por una arruga perpendicular, aspecto imponente, su traje de completo luto, revelando en sus maneras, en medio de la inquietud que le dominaba, que pertenecía a alguna familia antigua privilegiada como pocas.

La imagen de aquel ser extraordinario quedóse desde el primer momento fija, indeleble en la memoria de Mozart. Su ruego no cesaba de resonar en el oído del músico como llamada urgente; tanto que muchas veces, mientras estaba trabajando en la obra que le había pedido, creyendo a su huésped todavía a su lado, solía volverse para decirle con voz sumisa:

—¿Qué os parece, caballero?

En la primera de las tres visitas, Mozart señaló tímidamente por remuneración a su trabajo, una suma insignificante, asegurando que su obra quedaría terminada de allí a cuarenta días. El enlutado se inclinó asintiendo a todo, sacó un ancho bolsillo de raso negro que podría contener en monedas de oro la suma que señaló el maestro, centuplicada, lo dejó en el piano y desapareció *quasi nubis*.

A la segunda visita, el día y la hora designados, el compositor, más emocionado que en la entrevista anterior, balbuceó palabras de excusa, encareciendo el pesar en que le tenía sumido el no cumplimiento de su formal promesa, y asegurando, por último, con un calor y seriedad que el músico jamás empleaba en sus contratos y ofertas de esta especie, que el *Réquiem* quedaría seguramente terminado dentro de otros cuarenta días. El inmutable desconocido asintió con respetuosa cortesía, dejando sobre el piano otro bolsillo de raso negro, parecido en todo al de antes, con otras tantas monedas de reluciente oro. Y sin decir una palabra, bajó la escalera, atravesó el zaguán y saltó a su coche tirado por cuatro soberbios caballos negros, que desapareció sin el menor estrépito, no como coche rodando por un empedrado, sino como nube que lo figuraba por los aires silenciosos. *Sicut navis*.

Nosotros le vemos en la tercera y última visita, pero esta vez entró en el salón del piano con una corona de siemprevivas de oro y plata, que depositó en donde antes había dejado los bolsillos de raso negro, y luego pasó a esconderse en un bosquecillo del jardín con algunos papeles del *Réquiem*, que tomó del piano, y allí permaneció hasta que le llamó Constanza.

¿Quién sería, quién será este caballero, este lord, este príncipe, este comendador marmóreo que vemos penetrar ahora en el aposento de nuestro enfermo, más solemne, más prestigioso, más impalpable y fantástico que en sus visitas anteriores? ¡*Velut umbra*!

Mozart se sonrió al decirle por todo saludo.

—¡Vos, caballero! Ya veréis.

—Sí. ¡Qué grandioso es! —respondió la sombra levantando con aire de triunfo, y haciéndole sonar como ala que emprende el vuelo, el ancho papel de música que trajo en la mano—. Ella contestará por fin a mi alma. ¡Ella! Me habéis devuelto la voz que ella me conocía, que perdí cuando su muerte me obligó a enmudecer.

Los que están enterados de semejante escena, quieren que semejante personaje sea un padre idólatra que había perdido a su hija única, muerta en la flor de la juventud y de la belleza. Verdaderamente un postrer amor.

—¡Oh, qué linda estás! ¿Eres tú, Emma? —preguntó Mozart mirándola con ojos cerrados a medias, como si contemplara un astro.

—Quiero que me veáis bien —respondió la niña corriendo a la recámara. De allí volvió con el cirio de la comunión encendido.

—Sí, Emma, sí.

¿A qué pregunta del alma de la niña respondía Mozart entonces? Ella suspiró..., ella sola lo sabía.

—¿Has estudiado bien tu parte?

—Desde ayer y cuando hacía examen de conciencia preparándome a la comunión...

—¿Podrás cantar?

—Acabo de llorar, maestro.

—No hay preludio mejor.

Y pasando a Constanza la sonrisa con que acogió las últimas palabras de Emma, preguntó el enamorado esposo.

—¿Y tú podrás también?

—Yo y todos. ¿Qué arpa no haría lo que tú quisieras? ¿Qué cuerdas heridas como tú hieres..., como me hieres ahora, no vibrarían de algún modo contentas, por ser a Mozart a quien tuvieran que obedecer?

—¡Empezad, empezad! —exclamó el compositor contento de verse así tan fiel y religiosamente comprendido.

Se quitó las compresas. Constanza quiso ponerle otras, pero él la contuvo con súplica en la mirada. Apoyóse más ahincadamente en su trono de almohadas, dejó caer la cabeza hacia atrás. En concepto del hombre misterioso, el maestro se negaba a estar sentado entonces, para no afectar la posición de juez. Lejos de querer juzgar su obra, sabía que se le otorgaba como anticipada indulgencia en el juicio de recepción de otro mundo, la dicha de complacerse en sus propias obras, maravillas de recepción y sentimiento. Cerró los ojos para solo oír. Pero cuidadoso de que no supiesen al ver esto sus alarmados amigos que iba a dormir..., o a expirar forzaba sus labios a abrirse, o a agitarse, a colorearse con frecuencia por medio de sonrisas que unas veces daban gracias; otras, prometían bendiciones y otras, equivalían a esta expresión de complacencia:

—¡Seguid!, ¡más, más!...

—¡Más, más! —pero con más vívido anhelo que el del otro moribundo venerado en Alemania, al repetir su grito postrímero—: ¡Luz!, ¡más luz, más luz!...

La primera parte fue cantada sin una sola interrupción. Ni siquiera el hombre grave de los ojos inquisitivos había osado entreabrir la puerta del salón para oír como solía mirar. Desde el salón se percibían los conmovedores cantos con toda su celestialidad inenarrable. Los huéspedes habían tornado allí actitudes reverentes como en un templo, como en los arrobamientos de la plegaria. Nada importuno profanó aquella hora, ningún accidente de la naturaleza se atrevió a intrusarse en la cámara alta de Mozart espiritualizado, ni uno solo de sus ecos prosaicos, tormento del oído. Toda vida suspendía su curso, su aliento, como aquel que cruzando el bosque sorprende a un ave desconocida de increíble belleza, que baja a posarse en un árbol inmediato. El oleaje de los rumores externos, del tráfago de la vida laboriosa, se detuvo en los dinteles de aquella casa como un océano acobardado, como una tempestad al conjuro de un alma milagrosa.

Los semblantes de los cantares tomaron aspectos indecibles como solo se ven algunas veces en días de duelo universal y rogativas vehementes, en las deprecaciones de una familia agrupada en medio de la plaza cuando la tierra tiembla, o en letanía de gracias delante de los tabernáculos eucarísticos. Los espíritus invisibles, digamos esto más bien, tomaron para sí por una hora, aquellos corazones templados más bien para otra atmósfera que no para esta que nos envuelve. Hubo una inexplicable reciprocidad de abnegaciones, una comunión de deseos, celos y envidias entre los vivos allí presentes y acaso los amigos del genio que le habían precedido en la peregrinación a los prometidos cielos. Los amigos vivientes envidiaban a los otros, y los premorientes soñaban que resucitaban. Aquella música abría sepulcros y cielos, desataba ligaduras enojosas, rizaba el plumaje de muchas alas, despertaba ecos en altas concavidades, marcaba curvas de vuelos gigantescos que abarcaban miríadas de soles, disipaba nubes para dar más espacio a perfumes visibles en columnillas de humo azul celeste y descubría maravillas sin nombre y sin palabra que ningún sentido humano percibió jamás desde nuestro valle de sombras.

—¿Nada nos dices?... —preguntó Emma aprovechando un intervalo de silencio y reposo terminado uno de los más conmovedores versículos.

—Nada, hermana mía —respondió Mozart ignorando quién hacía la pregunta—. ¿Acaso la música de vuestros corazones necesita palabras que confirmen le que vale y significa?

—¡Responde! —murmuraba entre tanto con voz muy tenue, y sin percibirse de lo que Emma y el maestro decían, el príncipe vestido de luto que no cesaba de perder la mirada en el espacio con el semblante también hacia el cielo.

—¡Seguid!, ¡más, más! —repitió el moribundo endiosado—. Y no volváis a preguntarme nada, nada. Sabed que os oigo. Va bien, todo va muy bien. ¡Qué de velas blancas y qué blancas, veo hincharse como pechos maternos, sobre los pechos de ondas azules, el aliento de vuestra música! ¡Dilatáis de un modo los horizontes! Yo creía que esas puertas se rompían para que pudiéramos pasar más allí. No, pues no, abrirse ahora no es romperse, sino transparentarse... Si me veis inmóvil, si volvéis a suponer que no respiro, no creáis a mi cuerpo y nada temáis. Entonces será que entre en éxtasis. Lo espero. Sabed que hasta ahora no ha venido ese último grado de la complacencia que el arte nos promete. Hasta ahora no he conseguido más que empezar a olvidarme de que eso es mío o de lo que hay mío en esa dádiva celeste..., la simple aceptación... Ya os lo he dicho otras veces. Para que yo goce de mi música es indispensable que oídas por voces humanas, descubra mi alma en ellas el mismo no sé qué angélico con que la oí primero cantada en las alturas en los momentos de la inspiración creadora, como una novedad ajena a mí y al mundo, como lo inesperado, como lo inmerecido, como lo inefable. En tanto que la música vuelva a mí como mía..., tiene palabras, ¡qué palabras..., las más importunas que venían a arrancarme de la inspiración cuando escribía... costra de hielo en el cristal puro..., residuos de paja de nuestra polvareda terrenal en el fruto y la flor sin nombre! Anonadad a Mozart en mí, para que oiga yo a los ángeles en mi obra.

¿Puede creer nadie que aquello fuese el primer sueño delirante sobre la almohada de piedra, los incongruentes caprichos de un pensamiento que se deshace, la versatilidad del coma, reveladora únicamente para algunos del fin total de una vida?

¡El versículo repetido de *lux perpetua luceat eis!*, parecía haber realizado el deseo más vivo del maestro, a los dos segundos de comenzado el nuevo canto. La cámara se transparentó. Hubo una ráfaga de luz diurna que atravesando de nuevo el espacio, venció las primeras penumbras rebeldes de la tarde, como si se hubiese trastornado el curso del día y de las horas. El torrente de las horas luminosas, contenido por repentino dique, *por una mano gigante* que bendecía desde más allá del horizonte, rebotó hacia atrás espumante de prismática luz. El Sol se olvidó también de sí propio, a la manera de Mozart, habíase equivocado como algunos enfermos, al despertar de una tregua demasiado pasiva del dolor, que preguntan por la tarde si acaba de amanecer.

El arrobamiento de Mozart duró... minutos que no se cuentan. Pero los efectos de la eternidad y de lo infinito habían atravesado su alma renovándola como él lo había pedido.

Al volverse a los que dejaba en la tierra, empezó a darles nombres nuevos, o a descomponer los que les había dado en la vida ordinaria. Así hace el infante cuando empieza la vida. La otra vida nueva que empieza con la muerte, balbucea también del mismo modo, desfigurando los nombres queridos, para figurarse que es él quien los inventa, él quien bautiza, ¿de otro modo cómo explicar estas expresiones de su última hora, a la salida de cada desmayo?: *¡Emi, Emi, Emmans, stans!*

—¡Ah, qué música más divina! —exclamó, al fin, claramente.

—¡Divina! —repitió como un eco el supuesto padre de un ángel.

—¿Qué cantáis?, ¿preces? —preguntó el enfermo abriendo ojos de estupefacción—. ¿De dónde son o de dónde vienen esos clamores jamás oídos?... ¿De quién es esa armonía?

—Tuya, amor mío, tuya —gritó arrebatada en amoroso delirio la esposa, estrechando al esposo en tal abrazo que era un nuevo desposorio de sus almas.

—¡No es verdad! —murmuró, sin embargo, Mozart con voz menos suya.

—¡Amadeo!... ¡Wolfgang! —exclamó Constanza tomando entre ambas manos el rostro del amado para más obligarle a recoger la mirada convincente que ella le dirigía.

—Pues bien, pues bien, dejad mi *Réquiem* a un lado... y seguid cantando aquello otro..., lo que empezasteis hace una hora creo..., lo que a pesar vuestro os están dictando los ángeles... ¿*Obdormio*?... ¿*Emi*?...

Los cantores se hicieron señas y dedicaron al durmiente este versículo, cuya música adecuada era también obra de su genio: —*Quam dilecta sunt tabernacula tua, Domine!*

Los primeros compases fueron cantados como si David mismo, su alma inmortal, hubiera sido la que dirigía el admirable coro. El embelesamiento que la muerte, adulada tanto y tanto con aquel *Réquiem* que le hacía descansar a ella misma y negarse a su obra perenne, dejó caer sobre el agonizante, fue la eutanasia de los elegidos.

VII. Infernal Disonancia

Pero, ¡ah!, semejante bienaventuranza era demasiado del cielo para que durase más de una hora, como estaba durando ya en la atmósfera terrestre. Una nota falsa. Uno de esos suplicios de los oídos delicados, una befa del infierno irrisor, un aguijón penetrando hasta aquel repliegue dentro del cual confinan los corazones sensitivos todas sus amarguras y repugnancias, rompió a lo mejor los encantos de aquella cámara alta, impuso silencio al celeste coro, hizo que el alma del artista, ya en las inmediaciones del empíreo cayera de golpe sobre las zarzas de la realidad enemiga.

—¿Quién?... ¿Quién?... —exclamó él, que despertaba incorporándose con inesperado brío, agitando la diestra en alto como si empuñara la espada flamígera que veda la puerta del edén a los salteadores—. ¿Quién me ha herido tan despiadadamente en las fibras únicas con que se quedará mi corazón cuando emprenda el vuelo? ¿Quién..., quién me ha engañado?

Entonces lloró a lágrima viva, y sin volver el rostro hacia la pared como el profeta avergonzado de la pública debilidad de su llanto, pero escondiéndole en sus manos, exclamó:

—Ahora me toca a mí aseguraros que eso no es mío. ¡Oh, no! Yo escribí el *Réquiem* de los muertos, pero no el de los condenados.

¿Qué significaba aquello? Acaso una forma especial, una rareza de la agonía. Su alma no apreciaba el dolor real de la disolución a que estaba ya sometido su organismo, pero la ley inexorable se cumplía consintiendo que él se engañase sobre la causa del dolor. Fue la pena el efecto de un sonido falso, rebelde..., lo que lamentó al sentir las inconsecuencias de esta atmósfera con la lámpara que ella misma alimenta con amor.

—¡Horrible!... —repetía, buscando la respiración—. Es indispensable que yo me queje de alguno..., que yo reprenda a un culpable... Tú fuiste, Emmanuele, tú fuiste. ¿Por qué?... Te has calumniado a ti mismo, porque tu voz es demasiado segura, tu alma demasiado buena para permitirte pisar la pavesa que se apaga..., acabar de romper la caña doblegada ya..., que el divino pan tuvo en sus manos... ¡Ay, ay!... ¿Por qué haces esto?... ¿Qué necesidad habría de esto?...

Todos le oían asombrados. Tampoco ellos debían conocer que aquello era la agonía, la agonía, escondiendo en los efectos de un sonido que rompe un concierto melódico, la lucha de un alma desatándose de las ruinas de su cuerpo.

Gentile guardó silencio. Contenía su respiración. Estaba más pálido y desfigurado que el moribundo. Su agonía no era endulzada por ningún sutil engaño. Los demás lo notaron y le compadecieron.

—¿Por qué os mordéis así el labio? —le preguntó Emma, cariñosamente.

A la voz de la niña, el agonizante del lecho se reanimó para proseguir sus entrecortadas frases.

—Ya sé por qué..., por qué lo has hecho.

—¿Por qué? —preguntó Gentile temblando.

—Porque has querido indicarme que no olvidarás aquel de mis consejos..., ¿encargos?..., ¿consejos? que con más insistencia te he repetido.

—¿Aquel?...

—No te acuerdas..., ¿distraído?... Yo te dije que si no progresabas en la música era porque... me imitabas demasiado.

—Sí, maestro —afirmó el agonizante en pie, imitando la agonía del maestro.

—Me imitabas porque me amabas demasiado..., más de lo que debías..., me adorabas... indebidamente...

—Acaso...

—Tu amistad... Aire..., más aire... Abrid, pues, todas esas ventanas.

—Acaso —seguía repitiendo Gentile casi involuntariamente.

—Yo quería prepararte la fiera independencia..., la atmósfera exclusiva... por donde necesitan cernirse las almas que aspiran a ser originales y creadoras... Sé mi rival... Lucha... Agoniza por vencer a Mozart...

—No..., no os entiendo, maestro.

—¡Ah!... —exclamó entonces el maestro con un gesto de repugnancia indecible—. Entonces tú nunca serás... nada..., nada más que un cero.

—Un cero...

—¡Después que te amé tanto!

Dejó caer la cabeza como el Cristo de Velásquez. Pero fue para alzarla enseguida con una expresión de mansedumbre y confianza, que ningún pintor ha copiado.

—Pues ahora si me entenderás. Abrázame.

—No puedo..., me aterráis.

—¿Pero me perdonas también por la que acabo de decirte?... El cero de los músicos no es una letra, no es una disyuntiva... Es el breve y el semibreve..., la nota prolongada...

Aquella agonía hizo el prodigio de sonreír. Mozart no oyó la respuesta afirmativa aunque débil y agoniosamente pronunciada del otro, porque tras el esfuerzo supremo cayó en otro desmayo más profundo que los anteriores y, además, porque no se dejó vencer sin decir para animar a sus amigos...

—¿Por qué no seguís?... ¡Más!...

¿Cómo no obedecerle hasta el fin? Los ruegos seguían viniendo de lo alto. Repitieron planísimamente el *quam dilecta*. Y el maestro abrió los ojos una vez más.

Emma, impaciente desde el penúltimo paroxismo, se aprovechó de aquel claro de la oscilante llama, entregó la antorcha al enlutado y se reclinó en el lecho, y puso su cabeza en la almohada, para hablar al enfermo al oído.

—¿Johann, Johann?... ¿Juan? ¿Amadeo?... ¿Me conoces bien?... Soy la que tú llamabas siempre «mi españolita».

—¿Emi..., Emma?...

—Sí, dime, maestro mía del alma..., ¿solamente los que poseen un genio como el tuyo... alcanzan una muerte como la tuya?

—Basta querer morir como los niños para entrar en el cielo..., sin que la muerte sea quien abra las puertas.

—¡Morir, niña!... Podré hacerlo diciendo como vos y vuestros hermanos: «He amado y he vivido».

Mozart, exánime, repitió la expresión en su lengua.

—*Ich habe... geliebt... und gelebt...*

—Pero, ¿por qué no seguís?... Yo seguiré oyéndoos... eternamente.

Menos Constanza que estaba de rodillas ante la efigie de Cristo en el huerto, los demás murmuraron una oración, fijos los ojos en la sonrisa fija del genio admirable, hasta que aquellos labios dejaron de ser los suyos... y aquellos ojos se abrieron más que nunca en la vida, pero sin un solo resplandor ya de la vida que conocemos aquí.

Los que estaban junto al lecho permanecieron mudos para que Constanza no se percibiese, para que tardara minutos más en percibirse de la pérdida irreparable. Pero ella, como si hubiera leído el triste anuncio en el rostro de la efigie ante la cual estaba arrodillada, cayó sin sentido a sus pies.

El caballero misterioso besó a Mozart en la frente, Emma posó sus labios sobre el corazón que había cesado de latir. Gentile la contemplaba con extraños ojos, y como si descubriese en ella algo nuevo, inexplicable, más nuevo aún que la muerte del gran hombre.

El primero de los tres cerró los ojos del muerto, tomando cera de la antorcha bendita para fijar los párpados que muchas veces volvieron a abrirse con un resto de vida rebelde. Después cruzó los brazos del cadáver sobre el pecho, colocándole en las manos las últimas flores del ramillete que estaba en el velador. Y desapareció enseguida como por ensalmo, sin que Emma ni Emmanuele lo notasen; la primera porque vencida también como la esposa por el paroxismo del dolor, fue a dejarse caer en un sillón de la recámara; y el otro porque la siguió con una expresión de asombro creciente, pero sin atreverse a tocarla.

Acaso lo que parecía desmayo no era sino un sueño, sueño profundo al que la niña se había negado en las noches anteriores. A Gentile, que no se cansaba de contemplarla extático, parecióle que aquel ángel soñaba con el alma de Mozart, porque las sonrisas de este vagaban entonces idénticas por los entreabiertos labios virginales.

Los demás amigos fueron entrando por una y otra puerta en la cámara mortuoria en donde oraron un momento. Crisolara dispuso que Emma y Constanza fueran trasladadas a su casa, por el jardín. Gentile tomó a Emma en sus brazos, y el hombre de la mirada inquisitiva, a Constanza. Úrsula salió a recibirlos.

Media hora después, los amigos que recorrían acongojados las habitaciones del maestro, fueron reuniéndose en un cenador del jardín que la Luna llena coronaba de blancos resplandores. Allí se abrazaron para adunar su dolor, para sentirse menos huérfanos. Pero no dejaban oír ni una palabra, ni un sollozo. Para comunicarse el pensamiento que a cada uno dominaba, ¿qué necesidad tenían de hablar? Buscaban con la mirada las miradas del cielo, sereno, diáfano, profundo en su azul, palpitante de alegría en sus nuevas claridades. La naturaleza toda guardaba silencio, pero como si escondiera en sus senos oscuros alguna novedad, como si le costara esfuerzos callar aquel secreto inefable.

Era uno de aquellos silencios nocturnos durante los cuales las almas contemplativas llegan a percibir claramente el ritmo lejano de las estrellas en su marcha triunfal ascendente, de los cielos visibles a los cielos invisibles.

A poco se oyó un gemido doloroso. Era en casa de Crisolara donde lloraban. Gentile salió de allí aterrada y comenzó a correr como un loco por el jardín.

—¡Emma ha muerto también! —repetía para convencerse de que no lo había soñado—. ¡Él se la llevó, él se llevó hasta eso! ¡Y me dijo un día que la educaba para mí!, ¡que la había escogido para esposa de su hijo adoptivo!... ¡Aquel brazalete!... «¡Y nunca olvides que el amor es fuerte... como la misma muerte!»... ¡Ah, lo que hizo fue prepararse una novia para el cielo!... ¿Y esta sortija? ¿Por qué me la dio entonces?... ¡Wolfgang!... ¡Qué de cosas parecías insinuarme con tus ojos cuando ajustabas este anillo a mi mano femenina!... Yo creía haberte comprendido como nunca... ¡Ah!, yo estaba seguro de que me la daba para mis desposorios, para que yo la ofreciese a Emma delante del altar... ¡Oh, Dios del cielo!... ¡Todo el porvenir engañoso, de gloria, de riqueza, de felicidad, que me hizo entrever por un instante!... ¿Quién habla, pues, de los presentimientos proféticos de algunos moribundos?... ¡Mi porvenir estaba asegurado con la hija de Crisolara!... ¡Oh, qué noche más triste!... No la quiero...

Esto diciendo se arrancó la sortija del dedo y la arrojó al aire en dirección a la gran vidriera del aposento de Mozart.

Por allí pasaba Crisolara en aquel punto y la recogió al aire cuando saltaba del cristal.

Alguno vio, poco después al padre de la muerta hablando de este modo con el muerto alumbrado por la antorcha de la comunión de Emma, colocada en el velador junto a la cama.

—¡No sé si llorarla!... ¡Te ha seguido! Participó harto de tu vida, de tu genio soñador, de tus virtudes angélicas para que no quisiese curiosear igualmente tu más allá y verse copartícipe de los secretos beneficios de tu temprana muerte.

Y enseñándole el anillo de zafiro añadió:

—Ella lo llevará al sepulcro... Soy el sacerdote encargado de solemnizar el himeneo de vuestras almas... Cuántas almas como vosotras, delicadas, sensitivas, arpas gemelas siempre acordes, perseguirán allá en nuestra España, los secretos de tu música, ¡oh, Mozart!, con ese mismo amor generoso de tu españolita. Fieles a los reclamos de toda insinuación celeste, morirán por horas a la vida del mundo y de los dolores diarios que desgarran el corazón, para dejarse arrebatar por tus inspiraciones soberanas, repitiendo tus últimos suspiros... hemos vivido como él y como él hemos amado... *Ich habe geliebt und gelebt!*...

VIII. Compases de espera entre la muerte y la apoteosis

Después de los funerales de Juan Amadeo Mozart, que fueron una verdadera solemnidad, su nombre entró por espacio de dos años, si no fueron más, en un silencio absoluto aparente precursor de eterno olvido. Suele mediar entre la muerte de una criatura excepcional y la consagración de su gloria y renombre por la posteridad, un largo intervalo de tiempo silencioso, compases de espera, equivalentes al intervalo de espacio que conviene a las grandes perspectivas, para ser contempladas como partes del cielo más bien que de la tierra. Aquel silencio no implica indiferencia, no es más que el colapsus en que caen los admiradores tras la desesperada agitación del primer momento de la pérdida irreparable. Es la dificultad de creer todavía en el hecho como inconsecuencia dolorosa del destino; es la duda de que para todo haya muerte, con la esperanza de que alguna vez la muerte inexorable quiera ser excepcional para el genio, y no haga más que adormecerle por una hora en sus regiones de paz imperturbable. Es la mudez de los amigos del príncipe de Hus ante lo incomprensible de su desventura.

La flor de la vida inmortal no se abre a la luz indeficiente, sino como las otras flores que vivifica nuestro planeta central, después de haber permanecido recóndita, perdida en las entrañas de las sombras, preparándose sin la intervención del que planta y del que riega.

De quien habló y vociferó mucho la gloria mundana, aprovechando el silencio que impuso la muerte de Mozart, fue del maestro Emmanuele Gentile que, al decir de los entusiastas, era el fénix renaciendo de las cenizas de Johann Wolfgang. El italiano, repetían, lloró de tal modo a su maestro, que perdió la razón por algunos días, siendo aquella locura la providencial preparación que antecede a toda idea nueva, a toda personalidad innovadora.

Pero sí debemos consignar, a fuer de historiadores fieles de dos almas, que Gentile dio muestras de verdadera demencia por espacio de ocho días, desde la noche fatal. No hubo medio de arrancarle del jardín amado, Valle de Tempe del maestro. El italiano lo recorrió aquellas noches, buscando algo con una linterna, aunque luciese la Luna. En el paroxismo mental de su desgracia aseguraban los observadores, se había figurado que Mozart estaba enterrado allí, probablemente frente a la ventana o al pie de la ventana arcaica, y que el alma incorruptible había sido humillada juntamente con el cuerpo.

Era indispensable no ser observador tan caviloso ni tan imaginativo para comprender, como comprendemos nosotros, que lo que buscaba Gentile por aquellos lugares, repuesto de su momentáneo accidente de locura, era una valiosa sortija de zafiro, que cometió la tontería de perder sin estar ni siquiera jugando.

Las obras con que Gentile sorprendió al mundo por espacio de dos años, justificaban indudablemente la boga que corrió eléctrica de los conocedores de primer orden a los *dilettanti* de las últimas filas. Todas aquellas maravillas de arte, sin excepción de una sola, encerraban tesoros de belleza jamás sospechada por el ya vulgo aristocrático de los artistas, al mismo tiempo que acusaban una fecundidad inagotable, última etapa a que puede llegar el intelecto humano en progreso. Aquel desbordamiento abría una era nueva en la cual la música iba a significar, a ser otra cosa distinta de lo que hasta allí, en relación con los altos destinos de la humanidad.

Gentile fue un precursor. Lo único que le diferenciaba del Bautista era, que este había perdido la cabeza como un mártir, después de haber cumplido, y por haberla cumplido, su heroica misión, al paso que Gentile había perdido la suya *ex professo*, para comenzar otra misión, tanto más heroica y suya, cuanto que nadie se la había encomendado.

De todas maneras el huérfano de las fiabescas venecianas tuvo su hora de apoteosis en vida, gozó como nadie de esos triunfos que duran poco, por lo mismo que no fue la muerte quien los preparó. En ellos la vida plagia a la muerte y los coetáneos usurpan a la posteridad el más sagrado de los goces privativos suyos.

Pero el abate Emmanuele Gentile, maestro de la capilla del emperador de Austria, por muy corto tiempo, no se hacía ilusiones. Nunca llegó al extremo a que suelen llegar naturalezas de su temple, a engañarse a sí mismo hasta creer que la fama usurpada no lo era así, sino propia suya innegablemente, y, por tanto, legítima como verdad incontrovertible. No por cierto, ni él aspiraba a tanto, y sí a aprovecharse lo más posible de la duración de un engaño, de la fatuidad de una boga para henchir de oro sus ya hidrópicas gavetas, para reponer un mes y otro, los tan fáciles en gastarse resortes y llaves del placer hasta el deleite, del deleite hasta el hastío, del hastío primero hasta el último que es el *taedium vitae*. Su mísero propósito de naturaleza cansada fue en este caso coronado del mejor éxito.

Si él hubiera aspirado a más noble gloria, seguro camino le dejó trazado su generoso y previsor maestro. Este había compuesto rodeándose del sigilo más imperturbable, una docena por lo menos de obras maestras, con la intención preconcebida de que su amado Gentile pudiese publicarlas con su nombre, sin temor al mentís de la crítica, sin que el público tuviese nunca razón para dudar que fuesen tales y tan escogidas filigranas parte intelectual del brillante joven.

Para esta empresa, Mozart no tuvo que disimular su estilo, sino olvidarlo por momentos, crearse otro nuevo, nacer otra vez para dar con otra manera original, alentándose a esta palingenesia exclusiva de los espíritus superiores invencioneros, en el amor-amistad que tan conjunto le hacía de su discípulo. Se volvía en aquellas horas arrancadas a su propia vida, un Gentile, un italiano, más para ser un Gentile perfecto y un italiano modelo y traspasar íntegro el fruto de estas lucubraciones a aquel de quien se había propuesto, segundo Pigmaleón, hacer su estatua sensible, una segunda Galatea en la esfera de la inmortalidad.

Esta herencia amasada con los sudores del alma, la encontró Gentile en la cajita de tesoros que el maestro le había legado, y que la sumisa Constanza le entregó sin tardar minutos más allá de la hora prefijada. Esto es, cuando ya el discípulo convaleciera de la enfermedad de haber perdido al bienhechor, que hasta esto había previsto el bienhechor incansable.

Y, sin embargo, aquello fue lo único que Gentile en su ceguedad se negó a publicar con su nombre. Hay gentes así, que menosprecian lo que les dan, porque la dádiva los humilla, y prefieren merecerla a un robo, porque al fin el arte que ponen en el hecho falaz paréceles que es un talento con que los tales se premian a sí mismos. Estos arrojarían al suelo para pisotearla con asco la fruta del cercado ajeno, si en el momento de morderla viniese el dueño a decirles que les cedía todo el cercado.

La usurpación que realizó Gentile aprovechando la situación lastimosa de la viuda, explotando la muerte aparente en que se vio sumida por meses, por largos meses de soledad y abandono, la desolada Constanza, al paso que produjo el encumbramiento de Gentile, decretó la miseria de la esposa y de la familia del gran maestro. El ingrato se había apoderado de la mayor parte de los papeles que Mozart rotuló para su viuda. Vendió algunos de estos con el nombre de su verdadero autor, y los que le parecieron mejores con el suyo propio. El público engañado hizo como siempre, darse por satisfecho con que en ciertos momentos haya quien apele a su fallo adulándose con el título de opinión: reina del mundo. Si de veras la opinión es la reina del mundo, convengamos en que se parece mucho a los reyes de África, que engañados por una colectividad cualquiera, una compañía de las Indias, un barco esclavista (a una empresa periodística, una caterva de conspiradores, un partido político, si pasamos del término de comparación al sujeto comparado); o bien por una personalidad equivalente, un talento audaz, un pirata, un negrero, un hombre de presa, un Gentile; reinan vendiendo a los mejores súbditos de su patria cambiándolos por abalorios que deslumbren, o por venenos que embriaguen.

La reina del mundo, pues, a que Gentile apeló, viendo en la gloria fraudulenta, algo con qué consolarse de la gloria verdadera que acababa de extinguirse, no halló inconveniente en retardar la hora de las reparaciones y el amanecer de la posteridad imparcial, escrupulosa y justiciera.

Aquel engaño, aquellas supercherías, sabido es ya que se descubrieron al fin por todos, incluso los interesados en prestarle valía, así como se sabe también que desenmascarada la doblez del mal amigo, del protegido de su víctima, se puso más en claro que nunca lo que era y significaba Mozart. También *homo dupplex*, porque valía por dos genios a cual más grande, porque tuvo dos estilos perfectamente distintos, a cuál más característico en su originalidad distintiva, porque había en él un Mozart italiano, y un Mozart germánico, y porque este último se había desintegrado del primero, para abdicarlo en su ingrato. Su mundo interno, semejante al que hollaba su pie, giró ante su foco central de vida, manteniendo siempre un hemisferio en la sombra, cuando exponía el otro a las bendiciones del astro.

Pero las reparaciones, ¡ay!, lo corriente es que no corran y tarden para que parezcan más bien tardes que mañanas. El período de miseria fue demasiado largo y peligroso para Constanza Weber. La única consecuencia grave de las ingratitudes de Gentile, fue la que más hubiera llorado Mozart si ya no viviese en donde toda lágrima se enjuga; esa fue la invencible y fatal.

Aquel a quien Mozart llamaba el día de su muerte de los dos modos, «el conde» y «ese», aprovechaba artimañosamente la orfandad inesperada, la soledad sarcástica, la inmerecida indigencia, que el veneciano, costra de los *murazzi*, había creado en derredor de la viuda. «Ese», el conde, era rico, ilustre por su casa, de talento no vulgar; amaba apasionadamente a Constanza, forjándosela como la hija mayor del maestro a quien nunca había envidiado ni aborrecido. Era sobre todo inteligente en negocios de cierta clase que no requieren malas artes para ser remuneratorios. Conocía las industrias y manejos de los editores, libreros y demás *barcochebas* que se hacen crucificar gustosos a uno y otro lado de cualquier genio reconocido, con lo que empiezan copartícipes de una aureola de víctima para hacerla valer después de un modo positivo, erigiéndose en templos abiertos a mercaderes erigidos al crucificado del medio. Y sin la menor duda el conde parecía por entonces el más apto para deshacer del todo y en menos tiempo el funesto engaño de Gentile, volviendo por la gloria y el honor del malogrado maestro.

Pero la viuda resistió a todas las persuasiones, a todos los cálculos, a todos los halagos, a todas las promesas, a todas las seguridades del conde. Y cierto, nadie hubiera osado negarle, al verla en la posición desesperada en que la tenían las intrigas contra el genio envidiado, los títulos y homenajes que se rinden a la heroína y a la santa.

¡Cuántas veces la vieron, presa del delirio, llamando a gritos al inolvidable, a aquel que ya no respondía, cualquiera que fuese el nombre, el título o el cariño que el destrozado corazón de Dolorosa inventaba para atraérselo!

Ninguna angustia más digna de apropiarse el patético clamor del padre huérfano, golpeando vanamente las puertas del adorado sepulcro:

—*Batto e ribatto, ma nessuno risponde!*

IX

Hay días que no pasan aunque les pasen otros por encima; días que tienen garras de milano con que no siempre arrebatan la presa, pero que la marcan para siempre, y que suelen ser mortales en efecto para los enfermos, para los reyes y para los amantes.

Ros de Olano. *El doctor Lañuela*

Vamos a referir, pues acaso tú, poeta con quien sigo conversando, tengas curiosidad de saberlo, de qué suerte coronó Gentile su incomprensible obra de iniquidad, ajustándome a algunos datos recogidos no hace mucho en Viena, y a algunos otros que con anterioridad a estos debí a la cordial amistad del anciano Lorenzo Daponte, cuyos últimos años corrieron en América, lo que no consignamos, de paso sea dicho, para indicar que este otro mundo geográfico, le concediese sombras o lejos de las bienaventuranzas que esperan los creyentes en el otro mundo cristiano. Tampoco nos atreveremos a decidir, respecto a Emmanuele Gentile, si su carácter avieso, confirmaba o destruía esta máxima de su paisano Maquiavelo:

—Tan difícil es al hombre el proponerse ser probo a carta cabal, como imposible el decidirse a ser perverso rematado.

No se sabe de cierto por iniciativa de quién —verificándose un concierto de música clásica escogida, por ejecutantes célebres casi todos, cantores e instrumentistas, en la cámara del emperador de Austria, en presencia de dicho emperador-artista, rodeado únicamente de individuos de su familia y un corto número de cortesanos indispensables—, dieron a conocer aquellos príncipes de la música a los príncipes por el rango social, un quinteto de Mozart muy superior (difícil es creerlo), al de *La flauta mágica*, a cuya obra sorprendente siguió muy luego el aria de Doña Ana interpretada magistralmente por una triomphatrice, cuya gloria empezó en aquel palacio aquella noche.

Quieren algunos que novedad tan grata para todos se debiese al mismo emperador. Y hasta se asegura que mientras este oía embelesado el gran oratorio de *La creación*, de Haydn, fijó los ojos en un retrato perfectísimo de María Antonieta, que con otros varios de la familia archiducal eran el único decorado de aquella espléndida cámara. Y que no esperó a que terminase el oratorio, para aprovechar una pausa diciendo con emoción mal disimulada:

—Sin duda que después de esa creación bendita nos haréis oír algún fragmento de *Redención*.

Los músicos se miraron unos a otros sin saber cómo interpretar la indicación del soberano. Notada al punto la perplejidad por él, añadió con su fina e insinuante sonrisa, apellidada por su séquito familiar, decreto irrevocable:

—No creáis ni por un momento, amigos míos, que trato de hacer un epigrama. Con palabras como las que he empleado, títulos escogidos por Dios y sus genios para grandes cosas, nadie osará nunca procurarse pasatiempos. Si me refiriera a vuestros primores de ejecución, diría que nada hay en eso que redimir. Pero no es esto, sino que de ahora en adelante, os lo aseguro, nadie comprenderá que Haydn nos haga bendecir como esta noche su *Fiat Lux* si no lo hace con objeto de que busquemos y distingamos la grandeza de Mozart. ¿Qué nos ofrecéis característico de este redentor del arte?

El emperador complacidísimo dos horas después, se propuso que la conversación girara únicamente alrededor del nombre de Mozart. Informóse con detenimiento, con interés creciente de la situación de la viuda, de los hijos, de los papeles del gran maestro y de otras mil particularidades relativas especialmente a los últimos días que aquella alma pasó en la tierra. No faltaron cortesanos, por supuesto, que lucieran ditirambos en loor y obsequio de la viuda inconsolable. Estos no la conocían. Pero aún la conocían menos los que hablaron mal.

Estos otros tenían que vencer una dificultad para su equilibrio. Porque el arte de la vida cortesana, es puramente de equilibristas. Así que los primeros no tuvieron necesidad en aquel momento para sostenerse en su cuerda, más que de asimilarse la emoción del soberano. Pero los segundos además de la conveniencia en hacer lo mismo, necesitaban aprovechar una buena ocasión para sus pequeñas venganzas.

—¡Es una mártir! —dijo el maestro al chémbalo de la capilla imperial, para romper el fuego.

—¿De qué? —preguntó aquel barón de los *dilettanti* presidiarios, a quien un perro agorero vino a sacar de la casa de Mozart moribundo.

—¿O de quién? —preguntó el emperador.

—De su propia vanidad —respondió satisfecho el conde de A..., cuya palabra interior, mientras hacía resonar la otra en los oídos regios, decía:

—Es lo menos con que puedo denigrarla por haber osado decirme, ella en pie, yo de rodillas, que era una necedad dejar de ser la viuda de Mozart, para retoñar condesa de A..., esposa mía.

—Mártir, no sé. Pero yo diría víctima de su soberbia —añadió el duque de... dos K, por lo menos. Y su conversación tácita consigo mismo formulaba entonces lo siguiente:

Se conoce que no soy rencoroso, y que bastan ocho meses, catorce días y veinte horas para apaciguar mi dignidad ultrajada, después de aquella noche en que se atrevía a decirme, ella en su balcón y yo abajo disfrazado de Almaviva, que entregar el corazón de la viuda de Mozart al duque de K (dos o tres veces por lo menos), era convertirlo en cántaro para arrojarlo a un salteador de alma de lo mismo.

—Yo no me atrevería a decir tanto —insinuó el príncipe de... (sobra de apóstrofos entre sobra de consonantes para hacer o deshacer un título)—. Debo intervenir, para atenuar los efectos de la maledicencia, asegurando que la susodicha viuda carece de educación, que desconoció siempre el mérito de Mozart..., y aún creo que sería capaz de desconocer hasta el de un príncipe como...

Este no se pudo contener y soldó a la tontería que se creyó en el deber de contar, la ridícula soberbia que afilaba su quijotismo.

A semejantes insinuaciones sucedieron las de los príncipes subalternos, empezando por la clase de edecanes. Y excusado es advertir que por allí asomaron las diatribas y calumnias con filos toledanos, acaso de Albacete, bien que la autopsia tuviese lugar en Austria, no en Castilla.

El emperador dejaba hablar sin fruncir el ceño contra aquel Olimpo. Acaso se divertía interiormente. Lo que podemos asegurar es que quien oye lo que dicen ciertos retratos, tiene miradas que penetran a través de ciertas máscaras.

—¿Y vos qué más decís, señor abate? —preguntó el monarca espaciando las palabras como los que suben cansados una cuesta.

—Yo, señor, entiendo que las reticencias, aunque las imponga el respeto en ciertas circunstancias, son como vainas afelpadas de puñal, que dicen lo que es y puede hacer el acero que esconden, sin más que mostrarse ellas mismas heridas y destrozadas por el arma que es su alma. De la ilustre viuda de Mozart se han dicho cosas con la intención de hacerla suponer víctima o mártir de la más sórdida avaricia. Y como es de la misma índole la calumnia que para mí han escogido mis detractores o mis envidiosos, no faltará quien deduzca de todo ello que la viuda de Mozart no es sino discípula a algo así de Emmanuele Gentile...

—Pero tal dislate os honraría demasiado si pudiera hacerse creíble —dijo el emperador interrumpiéndole—. Ya no doy el menor ascenso a lo que se murmulla oscura y solapadamente en derredor de un nombre ilustre. No necesito de nubes para poder mirar un astro de hito en hito.

—El respeto a la primera dignidad del estado impone con todo el deber de que reconozcamos siempre inferior, menguada, deficiente, cualquiera otra majestad.

—Esa es opinión de cortesano, con algo menos de sano que de corte. Pero, ¿quién acaba de hablar?

—Señor, yo, el barón de..., que tuvo el honor de regalaros el otoño pasado los siete galgos de raza que llevan por nombre las siete notas de la escala.

—Oh, pues no sé cómo os tenía olvidado, barón, porque vuestra escala me ha dado a conocer más accidentes que la cromática. ¿A qué género de música os dedicáis, pues?...

—¡Señor! —respondió el barón ebrio de felicidad—. Perdone vuestra Sacra Real Majestad, que no pueda contestarle... Es la primera vez que me dirige la palabra y me he quedado sin voz... Harto le dice este accidente que no conozco de la música apenas...

—Apenas más que los compases de espera. ¡Muy bien! —dijo el emperador para darle una conclusión de frase que el otro buscaba con la vista en los artesonados—. Os declaro en resolución que el recuerdo de Mozart me ha hecho sentir las dificultades infinitas con que, en mi concepto, debe luchar una de esas majestades que se llaman genios, prohombres o locos, coronadas visiblemente por el Invisible. Es necesario, sabedlo, llevar una corona que pesa, para comprender lo que han debido sufrir esos otros príncipes, cuyas coronas aparentemente no debían pesar. ¡Lo que han sufrido ellos y sus allegados! ¡Si uno de ellos, si un Mozart pudiera prescindir en la vida laboriosa y contrariada que el mundo ingrato impone al genio, del pundonor a que le obliga su genio mismo, su instinto clarividente, su gloria presentida, cuando más pugnan por rebajarle, su situación precaria, las exigencias de la vida material, su desconocimiento de esta prosa de la vida y el desdén insolente de sus envidiosos! ¡Si pudiera hacer esto! ¡O si pudiera al menos, ya que no prescindir de lo que le promete de continuo su ángel inspirador, ser menos sensible a las dificultades de la vida y al desdén, sobre todo, de los envidiosos que le contrarían, yo dedicaría a los genios una admiración plácida sin mezcla de compasión deprimente! Pero no, ¡ay!, no. Esos privilegiados felices, tienen también el privilegio triste de dar valor, como el que ellos tienen, a las cosas menos dignas de su apreciación.

Mozart, no creo que haya conseguido nunca elevarse y sentirse tal cual era, resistiendo a la muchedumbre de sus conspiradores. ¡Pero cuánto esfuerzo, pues, para sostener su energía su corazón, su gracia genial, por encima de las condiciones que el mundo, que sus cortesanos mismos le impusieron! ¿Qué talento, por maravilloso que sea, ha poseído el talento auxiliar de no dejarse vencer por las miserias que engendra la miseria inherente a todo niño, puesto que todo genio, niño es aquí abajo, desde que nace hasta que muere? En las situaciones desahogadas y eminentes, como la mía, la fortuna nos dispensa del humillante dolor de doblegarnos a sus ídolos; nos dispensa de la necesidad de disfrazarnos, de disimular nuestro carácter propio, de ceder y dejar que nos absorban las nadas componentes de una muchedumbre. ¡Pero no sucede así a los otros reyes que digo! Acaso la viuda de Mozart no tenga más falta que esta, la de verse en peligro de empezar por ser ídolo para algún imbécil, y acabar por ser su idólatra. Señores, así como el que puede disfrutar de una gran fortuna, la disfruta mal, lo peor posible, si es un alma baja, una inteligencia mezquina, imposible es también, o por lo menos dificilísimo, en mi opinión, que un alma grande, que una inteligencia elevada, que una Mozart heredera de un gran nombre equivalente a una corona, gocen de sus tesoros y los hagan relucir y lucrar permaneciendo irresistiblemente en situación precaria muy distante de la comodidad.

—Sin...

—Duda...

—Alguna...

Tres cortesanos que apenas podían respirar, se repartieron esta banalidad de aprobación.

—No os molestéis. Os dispenso por ahora el pizzicato, lo mismo que el arpegio que os es más indispensable y familiar. Yo me creo en el deber de hacer algo por la familia del divino cantor. Sabedlo con gusto. Una pensión anual..., suficiente a colocar a la viuda respetable en situación de menospreciar doblemente a sus detractores, sería haber dado un gran paso en favor de la moralidad.

—Si, 7 florines diarios —se aventuró a decir el barón de la «escala accidentada».

—Oh, no, no saquemos la cuenta por perros..., por el número de los perros que regaláis, barón.

Esto bastó para que todos los cortesanos, aún los más ignorantes, meditaran en los muchos recuerdos que se podían traer a plaza sobre el número siete. Alguno alargó tanto su nariz, que, bien relacionada para el caso con la altura y delgadez de su cuerpo, le asemejaban a un siete arábigo perfectamente.

—Los siete sacramentos...

—Las siete virtudes, contra los capitales...

—Especificad pecados... —interrumpió un censor por vicio—. De otra manera dabais a entender que la caridad, la filantropía, la generosidad y demás virtudes en nuestra época, atacaban, exclusivamente, a los capitales de bolsa.

—Las siete maravillas del mundo —saltó otro, para dirimir la contienda que amagaba.

—¡Son ocho! —agregó un agregado a la embajada española, que estaba en brasas, o en parrillas, por decir cualquier cosa. Su interrupción, en efecto, cayó como jarro de agua fría.

—¡Los siete dolores! —murmuró Gentile, con los ojos en blanco.

—Me preparé a designar la suma de 7.000 florines anuales, de mi peculio —dijo el emperador pensativo—, como pensión vitalicia, a la viuda de Mozart..., en cuanto lo pida.

—Pues no esperará —dijo el maestro al chémbalo, para sí, con torpe erudición—, no esperará las setenta semanas de Daniel. ¡Extraña coincidencia! Esa fue la suma que me dejó el maestro Amadeo en la caja de cedro con reliquias del sándalo sagrado de Ofir.

La tertulia regio-familiar terminó un poco tarde, no sin que algunos de los cortesanos prosiguieran a regañadientes el pizzicato que el emperador les había prohibido; pero esta última vez fue de labios adentro, muy adentro. Algunos se hicieron saltar la sangre.

En cuanto a Gentile no le fue posible dirigirse inmediatamente, después del concierto, a casa de Constanza Weber, como era su único deseo, porque se lo estorbaron las ocupaciones de una reina de teatro fiabesco. Quiso ir al día siguiente, pero se lo impidió entonces el Sol de otro teatro. Tampoco pudo a la siguiente noche por exigencias igualmente calurosas de una Luna al mismo nivel que el astro diurno anterior. La tercera noche y otras noches siguientes el impedimento vino de la misma Constanza, que deseaba mantenerse invariablemente en eclipse y en menguante para Gentile.

Órdenes dadas por el emperador, acerca de un viaje que proyectaba para dentro de pocos días, forzaron al impaciente Emmanuele a arbitrarse algún recurso que le facilitase la entrevista con la viuda.

Tardó una hora en enterarla de lo que había pasado en la corte a favor de ella, de las disposiciones excelentes, sobre toda ponderación, del magnánimo monarca, y de que él, Gentile, había sido el iniciador de la empresa, el propulsor de esta fortuna.

—Ya el conde de..., que sabéis, me había noticiado algo —respondió la viuda, que le había dejado hablar sin interrumpirle, ni con una mirada, hasta entonces.

—¿Pero ese no habrá tenido la poca aprensión de apropiarse la iniciativa de vuestro auge en palacio?

—Claro es que no, Gentile.

—Y, por consiguiente, ni se le había ocurrido traeros, como yo os traigo, un documento semejante a este.

—No me ha traído nada.

—Pues ved aquí, señora, la petición al monarca en toda regla, casi en los mismos términos en que su Sacra Real Majestad se dignó dictarla indirectamente.

—¡Siete mil florines! —exclamó Constanza leyendo la suma en el papel.

—No falta más que vuestra firma al pie de ese escrito.

—¡Pero esto sería mi fortuna y mi reposo!

—¡Claro es!

—No tan claro..., porque no acierto a comprender cómo mi reposo, cómo la fortuna de la que fue esposa de Mozart, pueden venirme de vuestras manos.

—¡Ah, señora! Me injuriáis, cuando me es dado ser mejor, arrepentirme de mi pasado, y prepararás un porvenir de perdón y olvido de mis *delicta juventutis.*

—No, no quiero, no debo injuriaros.

—Pues tened confianza plena en la Providencia, sin reparar en las vías de que se vale para protegeros desde hoy... No quiero deciros más..., aún os cuesta mirarme... Está bien, señora, me retiro.

—¿Y cuándo he de presentar al emperador este escrito?

—Es verdad —dijo Gentile volviendo sobre sus pasos—. Lo indispensable es que vayáis a presentarle vos misma. Y esto..., mañana temprano.

—¡Tan pronto!

—Su Majestad sale para Trieste a las cuatro de la tarde. Con este motivo, y acaso por vos únicamente, según me han dicho, ha destinado las primeras horas de la mañana para dar audiencia.

—¿Por qué no me habéis avisado antes?

—¿Olvidáis que he llamado tres veces, tres noches a vuestra puerta, y os habéis negado a recibirme, ya con uno, ya con otro pretexto, que he respetado como debía?

—¡Perdonad!

—Lamento veros tan pálida y demacrada. Vuestra belleza a la verdad no padece con ella, porque pertenece a aquella clase de belleza angélica, siendo más alta e ideal, cuanto más visiblemente se desencarna de las apariencias terrenales. Pero en un palacio, en la cámara de un soberano, señora, conviene penetrar con algún exceso de vida, y solicitar una gracia del príncipe, mostrando dos a tres de las otorgadas por Dios.

—¿Qué puedo hacer?... Mis lutos...

—Yo no quiero decir que os despojéis del luto, pero adornaos. Haced resaltar la corona que con vuestras gracias atractivas poseéis, porque nada os es lícito excusar de lo que contribuya al bienestar de vuestra familia. Ahí tenéis a vuestra amiga fiel, Úrsula Crisolara. No seáis orgullosa. Pedidle que os facilite ropas un poca más brillantes, algunas de sus prendas..., qué sé yo. Dejad a ella la elección de todo, y con eso le proporcionaréis uno de los goces más dulces de la amistad en nobles confianzas cimentada.

—Seguiré vuestro consejo. Es indispensable.

—¿De veras?... —preguntó Gentile con peligrosa ternura.

—Sí, alguna vez habíais de hacer algo santo.

—Constanza, habría santidad en lo que hago, si no queriéndoos bien, tuviera necesidad de esfuerzos para serviros pero..., ¡ay!...

—Perdonad que me recueste en el sofá. He tenido fiebre estos últimos días. Me siento peor que ayer... La noticia, la novedad, los preparativos para mañana que se me hacen un mundo.

—Me voy, señora. Pero no faltéis mañana en la antesala azul celeste... Allí os espero. Seguramente seréis la primera a quien llamen.

—Tengo frío —dijo Constanza cubriéndose con una piel que tenía para esto en el sofá.

—Pronto acabarán los vientos del septentrión que os persiguen con esos rigores... Yo os amo.

—Shakespeare dice que el septentrión tiene soplos menos mortales que la ingratitud de los hombres.

—Que la ingratitud, sí..., pero el autor de Hamlet no se refiere en eso para nada al amor.

—Tengo sed.

—No me atrevo a ofreceros el agua. Acaso rehusaríais el vaso que os acercara mi mano. Harto habéis hecho ya en mi favor, aceptando mi intervención en vuestro asunto más importante.

—Tengo miedo.

—La comprendo..., hasta la felicidad lo inspira al acercarse a nosotras. Viene de incógnito, y su primer saludo lo hace todavía con la mascara puesta de una Erynne o de una Demogorgana.

—Tengo ganas de llorar.

—Me habéis despedido de varios modos, ingrata. Adiós, pues, inexorable. Hasta mañana, señora. Me retiro impaciente para evitar que digáis: «Tengo ganas de dormir».

¿Qué pasó en Gentile cuando estuvo solo aquella noche? ¿Qué pasó en sus proyectos, en su mente, en su conciencia, durante el espacio que medió entre sus ofertas a la viuda, y la hora marcada para la segura realización? ¿Dónde pasó el resto de la noche? ¿O de qué noche salía su alma, cuando a la mañana siguiente le vieron aparecer en palacio con arrugas de un siglo en su frente, con sombras ciegas en sus ojos, con una inquietud extraña que le obligaba a cambiar de sitio de minuto en minuto?

Su palidez asustó a sus amigos y aduladores, que no se atrevieron a preguntarle la causa, temerosos de que dijese: «un veneno o el infierno».

Acababa de sentarse por vigésima vez en un sillón de la antecámara azul, cuando vio entrar en ella a la que estaba esperando hacía dos horas.

Respiró menos angustiadamente y corrió a aparentar que la saludaba, diciéndole por lo bajo.

—¡Habéis tardado mucho! El emperador ha preguntado ya dos veces por vos.

—Ya sabéis que estoy enferma. Úrsula ha tenido que venir acompañándome en el carruaje.

—¿Por qué no me pedisteis..., no consentisteis que yo os ofreciera mi compañía?

—No sé.

—Yo sí sé que estáis hermosa. Todos os están mirando con deleite y admiración. Parecéis una reina, lo que sois.

—Úrsula... pero estos diamantes me abrasan.

—Me recordáis a Emma muerta.

—¿La que se casó con el alma de Wolfgang?

—La que Wolfgang me robó. ¿Por qué no había yo de robarle a él...?

—Callad, por Dios, Gentile.

—¿Traéis el documento ahí?

—Vedle.

—Dádmelo.

—¿Pero estáis indispuesto?

—¿Indispuesto contra quién? —preguntó Gentile casi involuntariamente.

—Quiero decir delicado de salud.

—He cavilado mucho en este negocio. Hasta que no lo vea coronado como espero, no me aliviaré. Pero dadme acá ese papel. Hay que corregir un descuido, un error de cálculo. El emperador está en vena. Todos allá dentro admiran la emoción con que habló de vos hace poco, después de haber preguntado dos veces si de veras vendríais. Dicen que algo hermoso, redondo como una perla rodó por sus mejillas mientras se paseaba por el salón de los retratos. Esa perla me ha inspirado la corrección que voy a hacer.

Y con la agitación febril que le había dominado toda la mañana, arrebató el papel de manos de Constanza, corrió a una credencial que tenía recado de escribir completo, tomó la pluma y sin sentarse trazó algo cuidadosamente en el documento. Volvió a leerlo después, lo dobló despacio y fue a entregárselo a la pobre mujer que lo esperaba apoyada en el respaldo de un sillón.

—¡Vuestro rostro tiene otra expresión, Gentile!

—No así el vuestro. Estáis más muerta que viva, pobre Constanza. ¿Qué tenéis?

—Todo lo que tenía anoche. Todo a un tiempo.

—¿Oís, oís?... ¡Vuestro nombre!... Entrad, pues, y pronto saldréis de dudas, temores y desgracias.

Un ujier apartó la pesada cortina de terciopelo que decoraba la puerta del despacho, para dar paso a la viuda, saludándola respetuosamente.

—No, no puedo esperar aquí el resultado —se quedó diciendo Gentile cuando la perdió de vista—. El corazón me palpita demasiado. Si la pensión enorme se concede, con eso y mi caudal ya seguro..., seré de todos modos segundo Mozart, superior al primero.

Bajó las escaleras en diablandas.

Constanza fue presa de un desvanecimiento invencible al sentirse en la nueva atmósfera, en la nueva luz, en el mundo tan otro, que presentaba para ella la cámara real. Volvió de él pero no por el esfuerzo que le hubiera convenido, sino por el pensamiento doloroso que la obcecaba, por la tristeza mortal de tener que recibir un favor del ingrato, del envidioso de Mozart. Combatida por contrarias emociones, abrió el pliego, como si se olvidara del lugar en que se había entrado, y de quién era el que la esperaba de pie, allá en el fondo del vasto salón. Abrió el pliego y examinó el renglón en donde Gentile acababa de poner la pluma. Un gesto de indignación imposible de reprimir contrajo su semblante. Tembló de pies a cabeza. Mas para salir de aquella angustia nueva superior a todas, se dirigió erecta, soberbia, majestuosa, sin duda para protestar contra el pensamiento que la torturaba. Era una actitud de su alma que el cuerpo copió.

—¡Me ha creído el miserable tan ambiciosa como él! ¡O quiere cobrarse!... —iba murmurando.

—¿Decíais?... —preguntó el emperador viéndola ya cerca.

La viuda seguía creyéndose en lucha con una pesadilla abominable, y no contestó.

—¿Vos, señora?... —volvió a decir el emperador asombrado. La infeliz seguía víctima del horrible momento de sorpresa que le había preparado Gentile.

Su rostro a la verdad no revelaba sino indignación, vergüenza indignada, aquella desesperada repugnancia, difícil de disimular, cuando nos la causa la herida renovada por el mismo enemigo de tantos años.

No pudo pronunciar una palabra. Ni siquiera acertó a dirigir al emperador —que se acercó a ella, creyendo que ella fuese demasiado corta de vista—, una mirada ni una reverencia.

No hizo más que acercarle torpemente al malandante papel que se arrugaba en sus crispadas manos.

El emperador con asombro creciente lo tomó diciendo:

—Estáis indispuesta; retiraos, señora.

Ella obedeció entonces más de lo que debía. Sin encontrar aún la palabra que hubiera podido salvar aquel precioso momento, volvió la espalda, vio su luz conocida a través de la puerta de la entrada y con paso ya acelerado y seguro, cruzó el salón para desaparecer, para huir de una hora fatal.

—Pues, ¡sí, sí! —quedóse diciendo el hombre coronado con profunda tristeza—. ¡Es orgullosa!... ¡Mis indicaciones, mis buenos deseos la han ofendido... Y como para revelar a las claras que no necesita lo que el papel supone, se ha vestido con impropio lujo casi insultante en esta ocasión! ¿Podía de una manera más enfática decir «para qué» al ofrecerle yo mi mano amiga?

¡Ah!, si aquel hombre coronado, hubiera juntamente con sus otros privilegios y virtudes, poseído de veras el don de penetrar los corazones, hubiera visto entonces que aquello que acababa de espantarle era orgullo, sí, pero orgullo que él hubiera aprobado a serle bien conocido; el rencor legítimo de un alma honrada cuando descubre que el favor que van a hacerle envuelve un propósito de perfidia y esclavitud innoble.

Pero no el orgullo vano, ni aún la majestad de un gran dolor desconociendo por exceso de infatuación, lo que se debe a una testa coronada que se inclina para condolerse y remediar.

El emperador, sin embargo, una vez dispuesto a la extrema indulgencia, quiso leer la petición.

No pudo acabar su lectura.

—¡Cómo! —exclamó—. ¡Yo había dicho 7.000 florines! Pero no 70.000. En su orgullo ha creído que la dádiva pequeña la menguaba más. ¡No solo ha corregido el movimiento generoso de mi voluntad, sino lo que mi voluntad designa como suficiente cuando ofrece mercedes! ¡70.000 florines! ¡Vamos!... No puede ser por ahora.

Abrió una puertecilla secreta y pasó a su salón de conciertos, plegando en pocos dobleces la inútil solicitud.

Detúvose delante del retrato de María Antonieta, y encajó el documento entre la tela y el dorado marco.

—Decide tú —dijo con melancolía de rey cuando descubre ingratos buscando amores generosos—; todos tus amigos te engañan siempre..., ¡inocente mía!...

Y se volvió cogitabundo al despacho. Tocó un timbre. Quiso dar orden para que entrase otro de los solicitantes, pero se arrepintió muy luego, no pudo.

—Se suspende la audiencia... y el viaje hasta nuevo aviso... —fue lo que oyeron los secretarios que entraron a su llamamiento.

Cuando volvió a sentirse solo, abrió los cristales de un balcón. Pasóse la mano muchas veces por la frente, contemplando la inmensidad azul, o enseñando a los vientos de la mañana la sombra o la nube que debían disipar en aquel instante. Un alma clarividente que hubiera estudiado entonces la tristeza del soberano en su domus áurea, y paralelamente la tristeza de la viuda no menos noble —paseándose en aquel punto a orillas del Danubio impetuoso, como para lanzar su nuevo dolor al unísono con las olas, al mar negro del olvido—, hubiera envuelto en una misma compasión a aquellos dos seres, tan distantes sin embargo el uno del otro, no ya por la jerarquía, sino por un capricho de la fatalidad. Ambos suspiraban a la vez, el uno mirando al cielo, la otra siguiendo la corriente con sus ojos en lágrimas, por aquella paz, por aquella ablución de la paz por la cual suspiran en vano las almas condenadas a ser mal comprendidas. Almas que algún día serán denominadas, por una filosofía o por una moral, más humana o más divina, los cuatro grandes solitarios de toda sociedad, por perfecta que quiera ser: el soberano por demasiado arriba de la llama central; el criminal irredimible por demasiado debajo; el proscrito por demasiado lejos, y el esclavo, blanco de las calumnias y las prevenciones negras, el genio o la virtud, por demasiado dentro, en ese fondo oscuro asfixiante, inconsecuente, que todo cono de llamas envuelve y aprieta con sus alas.

—¡Decide tú! —había dicho el conmovido monarca a la sombra de María Antonieta. Pero aunque el retrato estaba hablando, nada absolutamente decidió. Es muy difícil creer y esperar que los muertos, acostumbrados a su atmósfera límpida y libre, quieran por ningún concepto aspirar lo mefítico y sofocante de nuestro reducido mundo, ni ponerse en contacto con las podredumbres de sus intrigas y falacias, ni encerrarse en el sepulcro lóbrego de los vivos.

La pensión fue esperada en vano.

Y aquella a quien Mozart moribundo, pero siempre enamorado, repetía con ternura: «¿No volverás a casarte?», se casó efectivamente.

¿Con otro Mozart?

No, con otro hombre.

¿Con el mismo a quien Mozart llamaba conde?

No, ni con ese. Con otro aún más desconocido. Su nombre figura en las obras de Mozart seguido de estas palabras: «Editor-propietario».

X. Variaciones sobre el mismo tema

Habían pasado muchos años, los suficientes para que en Viena adorasen algunos a nuestro ilustre muerto, y olvidasen todos al vivo, segundo personaje de esta fidedigna historia.

Dos ancianos que acostumbraban pasearse juntos durante las tardes de no recordamos qué verano, por una plaza vastísima de Filadelfia, sentáronse una vez muy cansados en uno de los bancos de piedra, frente a la iglesia que daba nombre a la plaza.

Centenares de muchachos correteaban por todos lados inventando juegos y travesuras de todas clases.

El más vistoso de los dos viejos, por el traje y las prendas que lucía, era el de menos estatura. Llevaba antiparras de oro, muchos anillos de oro, un arete de oro en la oreja izquierda, de los llamados en América «guillotinas», alfiler de oro en la corbata y cadena de lo mismo naturalmente, porque no llevaba más que la del reloj. Todo era de oro menos su nariz, que a pesar de lo que había olfateado con tan buena fortuna, no era sino de plata.

Aquel era reconocido como el banquero principal de la ciudad, por los otros banqueros. Era, además, empresario de teatros fiabescos y autor de atelanas florentinas.

Y el más vistoso de dichos viejos, por su estatura y gallarda presencia, cabellera venerable y ademanes distinguidos, parecía paupérrimo en su traje. Todo en él era oscuro y triste, menos sus ojos que diamanteaban la alegre luz de una juventud eterna. A este le llamaban el filósofo vagabundo.

—Duque..., ¿cómo estáis, mi pobre vejete, esta tarde? —preguntó la nariz de plata.

—¡*Sempre inquieto sulla mia sorte!* —respondieron los ojos de diamante.

—Es extraño que nunca acertéis a decir eso, sino cuando más contento y animado parecéis.

—Pues entonces debo haber sido muy feliz todas las horas de mi vida. ¡Si esa es mi muletilla!

—Yo en cambio muy desgraciado.

—Puede ser, porque siempre que me dais noticias como esta tarde, noticias de la realización de un negocio loco, parecéis más malhumorado, habláis más sombrío que otras veces. Y desde que estoy en Filadelfia me habéis sorprendido ya con veinte noticias de esta clase.

—El recuerdo de Mozart no me deja un momento. (¡Pero, malditos muchachos, cómo están destrozando aquel juguete!) ¡Si a Wolfgang no se le hubiera ocurrido decirme que yo no sería nunca más que un cero! ¡Y en qué momento, Dios mío! Algunos creen que por eso mismo, que por estar entonces en agonía, su expresión no era una injuria, sino efecto del último delirio. (Pero esas criaturas son el demonio: ahora se han puesto a jugar con un pedazo de espejo, para reírse de mí mandando reflejos punzantes a mis pobres ojos.) Yo, sin embargo, no hice lo que hice en el documento de la viuda, por mera venganza.

«Os contaré la serie de cavilaciones que me llevaron a la última determinación. Salí, como ya sabéis, de casa de Constanza, la noche anterior, con el corazón destrozado por la burlesca ingratitud de aquella mujer. Nunca me había sentido más humillado. Aquella ofensa fue la que abrió de nuevo la herida que me había hecho Mozart por toda despedida a la manera de los partos. Pero combatí las sugestiones de aquel recuerdo. Entonces volví a pensar para conseguir vencerlo, en la posibilidad de que ella me amase. Y ya no pensé sino en convertir en bien suyo lo que el odio me había inspirado. (Decididamente esos muñecos de Satanás van a volverme loco; observad cómo aquel está trazando con carbón mi caricatura en el muro de la iglesia.) Sin embargo, reconozco que procedí muy de ligero. Yo conocía bien al emperador. ¿Cómo no había de indignarle que le corrigieran un rasgo de bondad? Celoso de su justicia y autoridad, ¿cómo no había de serlo de su clemencia? Yo le conocía muy bien. Cuando se mostraba benigno, se preocupaba mucho de que nadie creyera que lo fuese hasta la debilidad. Pues yo lo creí, como creo ahora que hice mal. Si a Wolfgang no se le hubiera ocurrido escupirme un cero en aquella hora, yo no se la hubiera devuelto en aquella forma. En fin, yo me arrepentí de todo y deshice el dato anterior al menos, ya sabéis, el de los robos musicales. Verdad es que para decidirme a confesarlo todo, fue necesaria que las viruelas me pusiesen a las puertas de la muerte.»

(¡Malditos muchachos! Es verdad que ya se han marchado, pero gritan de tal modo, que siempre me dura su grito media hora en los oídos, cuando desaparecen ellos de mi vista. La viruela no se pega después de años de curada. Si se pegara, entonces los besaría.)

—Pero todo eso, millonario mío —dijo Lorenzo Daponte después de deslumbrar a su compañero con una mirada fija—, todo eso que acabáis de declararme, por la millonésima vez, se reduce a cero como arrepentimiento; cero es como gratitud a Dios que sigue protegiéndoos por la senda que vos mismo habéis querido marcarle; y cero más cero como confesión y sinceridad. Nunca explicáis por qué maldita ocurrencia hicisteis que la viuda se vistiera de reina para pedir una limosna.

—¡Qué sé yo! El destino hizo también reina a María Antonieta para que pudiese subir al cadalso.

—Pero todo cuanto has alegado ahí, se me figura que es cero también —dijo Daponte entre dientes.

—¿Cero? —repitió Gentile con risa diabólica, que no abandonó mientras siguió discurriendo de esta suerte—. ¿Y qué es la música, pobre Lorenzo? ¿A qué se reduce —vamos a ver—, a qué se reduce, considerada como resultado y compensación para los genios que la cultivan? Fíjate bien, si es posible fijarse en lo impalpable e irresistible, y sumando como yo las propiedades todas y condiciones de tu divino arte, hallarás que su total redondo es únicamente cero. Puesto que la evolución de la música es por necesidad de dentro a fuera, aspiración de una vida intensa a extensa vida, puesto que la misma profundidad de sus manantiales en lo más secreto del corazón... un Wolfgang, por ejemplo, la obliga a atravesar primero por conductos innobles, por dilatadas regiones terrenales para que pueda llegar a la superficie de los que tenemos que percibirla, a los oídos a que se dirige; la música resulta ser la más indigente y nula de las bellas artes. Ninguna otra depende tanto como ella de la compasión, auxilio y socorro, así de los hombres como de las cosas insensibles. Ella vive de objetos sin valor, de desperdicios que ni para alimentar una hoguera sirven ya... Yo veo en esto un signo humillante. La música, apreciada por otros como el arte libre por excelencia, libre, alado, luminoso y no sé qué más. A mí no me parece sino el más esclavo, el más muerto, el más nulo, el más mentiroso. Observa que el pintor, una vez terminada su gran obra, puede descansar en ella, abandonarla con vida suficiente en ella misma, sin que la obra pierda y deje de ser lo que el artista quiso que siguiera siendo. La obra acabada no reclama ningún esfuerzo más de su autor. Sigue viviendo sin necesidad de más que de un rayo del Sol de cada día, para dirigirse al órgano simpático del que guste contemplarla... ¡Pero la creación de un músico, aunque este músico sea Mozart..., qué diferencia! Una obra de este genio no sabe más que morir, todo poema suyo es *Réquiem*, toda hija de su inspiración nace muda, muerta. ¿Crees tú que alguna de ellas lograba llegar a otros oídos que al oído interior del maestro cuando se ocupaba de su recóndita gestación? Y este oído es puramente mental como el del sordo Beethoven. La obra sinfónica tiene, pues, que mendigar de otros seres las voces, los ayes, el aliento, las palpitaciones, toda su vida. Y esta no solo de seres semejantes del maestro, sino de residuos del mundo inferior, madera muerta como la de un violín, alambres, hilos endebles de seda, cobres huecos, tripas de rata, entrañas de animales, crines de caballos que nada tienen que ver con el Pegaso, cosas sujetas a las variaciones de la atmósfera. ¡Toda esta mezquindad es condición imprescindible de una obra de Mozart cuando ha de parecer que vive! ¿Cómo negar que el autor y su composición están separados perpetuamente por un medio que contagia con su deshonor la inspiración más delicada? ¿No lo comprendes, Lorenzo? Las formas endebles y las sutilezas de la música son minucias, extrañamente ridículas. Al concebir tal o cual melodía un compositor en su acalorada mente, allí, en tal mente, no hay música, sin embargo. Al estampar sus grotescos signos en el papel, maldita la música que resuena en aquellas lágrimas de tinta. Solo cuando el mísero artista ha conseguido congregar un ejército, casi, para una orquesta o un coro de voces escogidas en las cuatro partes de un mundo grande o chico, solo entonces consigue que su creación sea, solo entonces la ve, la oye, la siente, sintiéndola los demás. Y en cuanto se dispersan aquellos cantores e instrumentistas, ¿qué? La hija muere, la música se va, desaparece en el no ser como si nunca hubiera sido. Desengáñate, la música es una muerta, una muerta loca que se atreve a saltar de su sepulcro. Puede salir de allí un día y otro, sí, más, ¿para qué? Para seguir revelando su nada con relámpagos más fatuos que el fuego de los cementerios. Yo soy un hombre positivo, gran práctico en todo estudio de la realidad tangible, y, por tanto, no creo poseer un intelecto débil, ni sentido músico imperfecto al descubrir en lo fugitivo y vano de su forma la frivolidad del arte musical.

Dicho esto el encarnizado envidioso, sacándose un amplio pañuelo de seda colorada del bolsillo del pantalón, con el ademán impaciente de los que han tenido que sacar antes del mismo bolsillo o de otro la caja de rapé, hizo que aquel hueco estornudase un portamonedas.

Este se abrió al chocar con el duro suelo, e innumerables monedas de oro, de las que llevan el letrero *utroque felix*, rodaron hasta muy lejos saltando y cantando retintines por el empedrado.

El raro banquero tuvo que permanecer encorvado un cuarto de hora, andando de aquí para allí, en persecución de sus doblas, con lo que volvía forzosamente las espaldas a Lorenzo, mientras este le repetía con otro retintín:

—En fin, si en aquello y en todo lo demás que hicisteis concurrir a la desgracia que deploramos, yo mejor y más que vos, por acaso os guiaba un escrúpulo de buena intención, debo añadir que en vos las buenas intenciones son cero a la derecha o a la izquierda de las malas. (¡Picaruelos vagabundos! Cátalos ahí otra vez. Ahora cabalgan en palos de escoba pero el que los capitanea, ¿en qué? ¡En mi bastón de manatí, diablo! ¡Y no lo hace mal!) Basta, pues, de lamentaciones ridículas, no volváis a hablarme del lado tristísimo de la muerte de Mozart. ¡Ah! ¡No haber estado yo allí, a la cabecera, ¡eh!, no, ¡a los pies de su cama!... ¿Os acordáis, Gentile, de cierta figura grotesca, pero simpática en sumo grado, que Ticiano coloca en algunos de sus cuadros como un escándalo atractivo? Pues aquel niño con cuya cabeza juguetea el último rayo de la tarde, no puede hacer aguas de una manera más estética. Creo que lo hace para arrancarnos un aplauso. Pues como digo, *mio caro*, acordémonos más bien de aquella angelical Emma Crisolara. Ni de la gloria del cielo quiso gozar mi mejor amigo, generoso como su música, sin hacer copartícipe a un alma simpática. Qué melodía más deliciosa habrá puesto por allá el gran maestro a los versos latinos de la «Imitación», que traducidos dicen: «¡Cuántas veces, donde pensé que había fidelidad, no hallé ni sombra de ella; y cuántas, cuántas la hallé donde menos lo presumía!». Por allí vuelven a asomar los reyes de la tarde. ¡Qué lindos y llenos de vida los pone el juego! ¿Veis? Aquel me está remedando. Pues ni volviéndose caricatura deja de ser esa criatura graciosa y perfecta. ¡Es un efebo verdaderamente! ¿Queréis que le llame?

—Me marcho, Lorenzo.

—*Addio*, Gentile —respondió con bondad el hombre sincero, al que no lo era.

Y cuando se sintió solo, y la música de las campanas inmediatas llamando a la oración le indicó que la soledad para las almas sensibles está llena de sensibilidades simpáticas, de corazones atentos, y que en su seno hay siempre alguno que oye demasiado, entonces, siguió hablando con el eterno oyente de las conversaciones huérfanas.

—Oh, no, Gentile, no... Lo que tú has dicho no es verdad. Solo un intelecto débil como el tuyo, ha podido afirmar que lo fugitivo de la forma musical, juntamente con lo negativo de las medios de expresión, acusan la frivolidad de nuestra bella arte. Lo que hacéis hablando así, tú y los críticos de tu cuerda, queriendo desprestigiar a la más etérea de las musas, es tantear como ciegos el argumento más elevado a favor de la música divina. Cuando tan pasajeras y precarias son las formas de revelación del arte, que con ellas se contenta para vivir aquí abajo. ¡Qué hondas, qué intensas, qué sensibles, cuán despiertos no han de ser en las almas los fundamentos del placer que la música provoca! ¡Cuán estrechamente no estará unido este goce purísimo con el elemento más sobrehumano de nuestro ser, cuando los sentidos exteriores son los que menos parte toman en los inefables encantos! ¡Necio! La misma limitación de los recursos materiales de la música, ¿qué prueba sino lo inmenso de su potencia espiritual? ¡Música!... Tú eres el recuerdo perenne, la estela de las divinas revelaciones, la seguridad como huella, de que un Dios ha pasado por aquí, ha vivido entre nosotros, y real y verdaderamente ha conversado con los peregrinos de la noche. Los que oyen y sienten como yo que no he querido saber ni ser nada después del privilegio de haber sido el libretista de Juan Mozart, el constructor con mis pobres versos, de frágiles canales por donde corrieran algunas de sus manantiales de celestialidad; yo y los míos sentimos que la influencia de su *Réquiem* eterno, o cualquiera otra de sus obras maravillosas, es tan celeste y pura, que solo por lo grosero y arruinado de nuestra naturaleza no sabemos oír la música con todas las fibras de nuestro ser; solo por eso no somos inventores de un sentido nuevo especialísimo o de aparatos telescópicos y microscópicos para los misterios de audición, como los hay; para los que estudian la vista. ¡El oído debiera ver también, cuando Mozart nos habla y nos mira! Lo que sentimos al oírle nos revela que estamos ligados misteriosamente a espíritus de otro y otros mundos a quienes basta para entrar en relación con nosotros, mientras permanecemos clavados aquí, para revelarnos lo intenso de sus simpatías, una arista que tiemble, una cuerda que vibre, un vaivén cualquiera, el más imperceptible en la tenuidad de nuestra atmósfera. Y a mí, desgraciado Gentile, lo que me basta cuando quiero razonar sobre la importancia de la música y sus misterios, es saber, como sé, que vale y vive más que una ciencia, que ella tiene la suya, y que esta, su ciencia, es un instinto superior de nuestra naturaleza; que sus asuntos son las emociones de nuestras almas aquí cautivas, y que cada rebusco en el fondo de las leyes fundamentales de la armonía no es más que empeño en descifrar escritos archivados dentro de nosotros mismos, trabajo de interpretación de los jeroglíficos esculpidos en esta pirámide volcada, vibrante aún y eternamente por el golpe de la gran caída del cielo a la tierra, y que se llama el corazón del hombre.

Cuando los sonidos de la campana se desvanecieron en los aires, la figura atlética de Lorenzo desapareció en la sombra de la iglesia. ¡Y poco después, los pensamientos de aquel oscuro sacerdote que vio en Mozart un pontífice, artífice de puentes a los cielos de la memoria y de la esperanza, se perdieron asimismo con el secreto de una oración!

—¡Dime tú, espíritu divino, por qué solo tú posees el secreto de los números y no admites cero en tus cantidades portentosas! ¡Dime tú cuál es el poder místico santificante de tus números eternos y de tus notas de eternos ecos! Tu pensamiento graciosísimo, Apolo mesiánico, orféico Adonaí, siempre risueño, poético y melódico, fue quien elevó el gran cero del caos a números, a reglas y a cadencias deleitosas. ¡Cuando creaste el universo, hiciste celebrar tu obra en concierto sin fin, y escogiste el agua y el aire, esa lágrima y ese suspiro que jamás se desvanecen, por tenores apasionados de la gran orquesta; la tierra lóbrega y sepulcral por bajo profundo; y la luz, la riente luz y sus rayos vivos y sus locas palpitaciones, por sopranos infantiles, por tiples arcangélicos! ¡Dios mío y suyo! ¡Para tu Mozart y mío, lo mejor y más codiciado de tus tabernáculos!... *Réquiem...* eis...!

Libros a la carta

A la carta es un servicio especializado para
empresas,
librerías,
bibliotecas,
editoriales
y centros de enseñanza;
y permite confeccionar libros que, por su formato y concepción, sirven a los propósitos más específicos de estas instituciones.

Las empresas nos encargan ediciones personalizadas para marketing editorial o para regalos institucionales. Y los interesados solicitan, a título personal, ediciones antiguas, o no disponibles en el mercado; y las acompañan con notas y comentarios críticos.

Las ediciones tienen como apoyo un libro de estilo con todo tipo de referencias sobre los criterios de tratamiento tipográfico aplicados a nuestros libros que puede ser consultado en Linkgua-ediciones.com.

Linkgua edita por encargo diferentes versiones de una misma obra con distintos tratamientos ortotipográficos (actualizaciones de carácter divulgativo de un clásico, o versiones estrictamente fieles a la edición original de referencia).

Este servicio de ediciones a la carta le permitirá, si usted se dedica a la enseñanza, tener una forma de hacer pública su interpretación de un texto y, sobre una versión digitalizada «base», usted podrá introducir interpretaciones del texto fuente. Es un tópico que los profesores denuncien en clase los desmanes de una edición, o vayan comentando errores de interpretación de un texto y esta es una solución útil a esa necesidad del mundo académico.

Asimismo publicamos de manera sistemática, en un mismo catálogo, tesis doctorales y actas de congresos académicos, que son distribuidas a través de nuestra Web.

El servicio de «libros a la carta» funciona de dos formas.

1. Tenemos un fondo de libros digitalizados que usted puede personalizar en tiradas de al menos cinco ejemplares. Estas personalizaciones pueden ser de todo tipo: añadir notas de clase para uso de un grupo de estudiantes, introducir logos corporativos para uso con fines de marketing empresarial, etc. etc.

2. Buscamos libros descatalogados de otras editoriales y los reeditamos en tiradas cortas a petición de un cliente.

www.ingramcontent.com/pod-product-compliance
Lightning Source LLC
Chambersburg PA
CBHW032116280326
41933CB00009B/864